●幸福教育方略●

新时代家长的“上岗证”

范建巡 主编

河北出版传媒集团
河北教育出版社

图书在版编目（CIP）数据

新时代家长的“上岗证” / 范建巡主编. -- 石家庄：河北教育出版社, 2025. 4. -- (幸福教育方略).

ISBN 978-7-5545-9034-8

Ⅰ. G78

中国国家版本馆CIP数据核字第2025HK5479号

新时代家长的“上岗证”

XINSHIDAI JIAZHANG DE SHANGGANGZHENG

主　　编　范建巡

责任编辑　孙雪松

封面设计　赫　江

出版发行　河北出版传媒集团

河北教育出版社　http://www.hbep.com

（石家庄市联盟路705号，050061）

印　　制　石家庄众旺彩印有限公司

开　　本　787mm × 1092mm　1/16

印　　张　18

字　　数　268千字

版　　次　2025年4月第1版

印　　次　2025年4月第1次印刷

书　　号　ISBN 978-7-5545-9034-8

定　　价　55.00元

编写委员会

主　　任：范建巡

副 主 任：于京礼　高华锐　石　瑛

委　　员：夏胜广　史战坡　岳清海　黄　宁

　　　　　王力涛　马贵民　张　荣　杜艳峰

审　　定：范建巡

统　　筹：岳清海

编写人员：杜艳峰　周广臣　刘风利　刘　丹

　　　　　李永红　李汝静　徐　朔　朱卫娟

序

近年来，在习近平新时代中国特色社会主义思想指引下，随着党和国家对家庭教育工作的政策推动，各地的家庭教育工作有声有色、蓬勃发展。在这项工作的发展历程中，邢台的家庭教育工作奋进突起，以其领导重视、措施有力、体系完善、效果明显而形成了自己的特色，走在了全省乃至全国的前列。

河北省关心下一代工作委员会（以下简称“关工委”）曾组织相关同志先后三次到邢台市进行深入调研，发现他们在做好家庭教育工作上下了五个方面的硬功夫：

一是在提高对家庭教育重要性的认识上下功夫。自 2019 年以来，通过邢台市家庭教育宣讲团到各县（市、区）巡讲，广大干部群众认识到：家庭教育事关千家万户的未来，事关党和国家的未来，是习近平总书记反复强调要做好的一项重要工作。

二是在理顺家庭教育管理体制上下功夫。邢台市委、市政府两办于 2020 年印发了《关于加强家庭教育工作的实施意见》，成立了以市委常委、组织部部长为组长，主管教育工作的副市长为副组长的领导小组，办公室设在市教育局。各县（市、区）参照市委、市政府的做法，全部出台了文件，成立了领导小组和办公室。

三是在加强家长学校规范管理上下功夫。邢台市教育局制订了《加强家庭教育和家长学校工作的实施细则》和配套的《实施方案》，将家庭教育和家长学校工作纳入学校的绩效考核内容，纳入教师的工作量，纳入教育行政领导、校长和教师的培训计划，纳入市政府对教育工作督导检查体系，纳入教师晋职评先的参入条件。“五纳入”使家庭教育和家长学校工作在学校得以落地生根、开花结果。

四是在打造家庭教育阵地上下功夫。邢台市先后成立了邢台市家庭教育学院、邢台市老年家长学校，创办了家庭教育电视栏目《爱子有方》，推出《邢州报·邢台家庭教育周刊》，创新开办了社区家长学校、企业家长学校、机关家长学校、新婚家长学校和孕妇家长学校等。市和县全部建成家庭教育指导服务中心，形成了家庭教育市、县、乡、村、户五级活动阵地。

五是在狠抓落实上下功夫。邢台市委自2021年以来，先后三次召开全市家庭教育工作推进会，每年组成联合督察组，对各县（市、区）和市直成员单位的家庭教育工作推进落实情况进行督导检查，表扬先进、鞭策后进，使全市家庭教育工作得以扎实高效地开展。

邢台的家庭教育工作走出了一条横向联动、上下贯通、全面发力的成功之路，这种“邢台模式”可复制、可推广。2021年，河北省教育厅、省妇联、省关工委联合印发《关于进一步加强和改进家庭教育工作的实施意见》，河北省关工委印发《关于推广邢台市家庭教育经验的报告》，在全省推广邢台经验。2023 年 12 月 25 日，中国关工委主任顾秀莲批示："邢台市委、市政府高度重视家庭教育，进行顶层设计，明确目标和任务。市关工委发挥'五老'独特优势，凝聚力量，创建'家校社'共育机制，这种好做法和经验，值得学习和推广。"

在已有成绩的基础上，邢台的家庭教育工作者不断寻求新的突破。2023 年 10 月，河北省关工委常务副主任李月辉同志带队到邢台调研，同邢台市的同志议及家庭教育就是家长教育，培训合格家长，并讨论了合格家长的基本标准，责成他们组织力量编写一部培训合格家长的教材。目前，我们欣喜地看到，由邢台市家庭教育专家编写的《新时代家长的"上岗证"》已呈献在大家眼前。

长久以来，人们一直感叹，各行各业招收的新员工大都需要经过岗前培训，待其取得合格证书后方可正式上岗。可是，对于"家长"这一重要岗位却唯独少了这个环节！大多数年轻人在没有进行相关知识学习的情况下，稀里糊涂就当了家长，这样的家庭在子女教育成长方面难免出现问题。所以，近年来对家长们进行"上岗培训"的呼声越来越高，而实现这一目标的关键点是，除了由谁来组织培训之外，更重要的是培训什么。这就迫切需要一本既简便易懂、又易于实操的通识教材作为家长培训的基本内容。现在，邢台的家庭教育专家们集中力量编写了这本家长必备读物，并在河北教育出版社的建议下，将书名确定为《新时代家长的“上岗证”》，很好地填补了这一空白。这是一部来自基层的家庭教育的简易读本和指导手册，它有以下四个突出特点：

一是脉搏把得准。参加本书编写的几位专家教师长年奋斗在家庭教育指导服务的一线，几乎天天都在跟家长和孩子们打交道。他们非常了解家长的所思、所想、所急、所盼，了解时代的脉搏和政策的导向，而且他们既有家庭教育学、心理学等方面的专业功底，又有对中华优秀传统文化的热爱与研究；既掌握孩子成长及家庭教育的一般规律，又重视家风、家规、家训对孩子的重要影响……这一切都有机地融合在本书的内容中，汇聚成最佳的结合点，完整地呈献给了家长朋友。

二是道理讲得明。本书最显著的特点就是通俗易懂，通篇没有深奥的大道理和佶屈聱牙的专业术语，而是把一个个朴实无华的“家常理儿”讲得清清楚楚、明明白白。在编排上，本书分为上、下两篇，以不同的体例，从不同的视角，对家庭教育应该掌握的五个方面进行了全面阐释。上篇《合格家长应知应会》可看作是一个家庭教育的简易读本，下篇《家庭教育百问百答》可看作是一个工具书式的家庭教育指导手册。上篇、下篇相辅相成，有机统一，形成姊妹篇，读起来引人入胜，让人入脑入心。

三是方法给得实。在上篇中，编写者围绕合格家长应知应会的五章内容，每一章都在把是什么、为什么的道理讲明之后，紧接着就告诉家长怎么做，直截了当，不弯不绕。

下篇则把相应的内容以问答的形式呈现出来。这一百个问题，皆是目前家庭教育当中家长最为常见也急需解决的，针对这些问题，则直接给出参考答案。全书教给家长的方法都是从实践中来的，都是经过许多家庭运用后被证明是管用的方法。所以，每个方法都会对家长朋友有很强的指导和借鉴意义。

四是家长学得会。本书在定位上不属于专业的学术著作，而是家庭教育的简易读本和指导手册。它篇幅不长，上、下两篇所涉及的内容，分别从不同的方面指向一个共同的目标——如何做一名新时代的合格家长。书中每一章都亲切自然、娓娓道来，让家长拿起来就能读进去，而且觉得好多地方仿佛就是在说自己的家庭、自己的孩子经历过的事，使家长一看就懂，一学即会。

最后，特别感谢邢台的家庭教育工作者为此付出的努力。愿这本散发着泥土芬芳的家庭教育必备读物，能够带着它独有的亲切与智慧，走进千家万户，让千千万万个家庭从中受益！

河北省关心下一代工作委员会

2024 年 11 月

前　言

在家庭中，家长承担着对未成年人实施家庭教育的主体责任。我们开展家庭教育工作，构建覆盖城乡的家庭教育指导服务体系，核心任务就是要提高家长科学实施家庭教育的能力和水平，把孩子培养成才。为实现这个目标，让广大家长拥有一部既切合实际，又通俗易懂、简便有效的读本就显得尤为重要。

目前已出版的家庭教育读本有多种，其中有相关部委编写的，有省级部门编写的，还有高等院校和家庭教育研究机构编写的。在开展家庭教育指导服务的过程中，我们了解到目前家长在使用方面的一些情况：一方面，现行的这些读本各有千秋，无论是哪个版本的读本，如果家长朋友能够系统地进行学习并加以运用，都会有一定的收获。另一方面，由于这些读本大都属于系列的，内容涵盖了从幼儿园到高中各个学段，少则五六册，多则十几册，再加上一些辅助资料，内容更加庞大。对一般家长来说，如果将这些读本完整地学习下来，负担确实有些重；如果自己的孩子目前在哪个学段就只学其中的哪一册，又缺少了一种整体观。为了有效解决这个问题，在河北省关工委领导的精心指导下，邢台市组织长期从事这项工作的一线专家教师，集中优势资源，编写了这本适合所有家长使用的家庭教育通识读本——《新时代家长的“上岗证”》。

在本书的编写过程中，编写组坚持以习近平总书记关于注重家庭家教家风建设论述为指导，以《中华人民共和国家庭教育促进法》（以下简称“家庭教育促进法”）和《全国家庭教育指导大纲》为统领，以解决家庭教育实际问题、满足家长基本需求为根本，本着从家长中来、到家长中去的原则，把家长普遍关心的家庭教育的核心理念、基本规律、常见问题以及解决办法进行归纳梳理，分类加以阐释，以求呈献给家长一个完整的、有机统一的家庭教育读本。

《新时代家长的“上岗证”》分为上、下两篇。上篇《合格家长应知应会》对如何做一名合格家长进行了系统而简练的阐述，目的是为家长朋友提供一个家庭教育的简易读本；下篇《家庭教育百问百答》则在与上篇相同的五章标题框架中，对应回答了家庭教育中的一百个常见问题，旨在为广大家长提供一本清晰实用的家庭教育指导手册。上、下篇的第一章《注重家庭家教家风》，由周广臣和朱卫娟老师编写；第二章《以立德树人为根本》，由刘风利和徐朔老师编写；第三章《遵循家庭教育规律》，由刘丹老师编写；第四章《掌握家庭教育方法》，由李永红老师编写；第五章《做好孩子的榜样》，由李汝静老师编写。

全书的统稿工作，由岳清海、杜艳峰同志完成；全书的审核定稿工作，由范建巡、于京礼、高华锐、石瑛同志负责。

在此，我们衷心感谢所有参与本书编写和审稿的专家、学者及一线教育工作者，衷心感谢对本书出版发行给予大力支持的各位领导和编辑老师。他们的辛勤付出和无私奉献，为本书的编写和出版提供了有力保障。

我们希望广大家长能够积极阅读本书，从中汲取智慧和力量，为孩子的成长和未来助力。愿每一个家庭都能充满爱与智慧，愿每一个孩子都能在家庭教育的阳光雨露下茁壮成长。

本书编委会

2024 年 11 月

目　录

上篇　合格家长应知应会

下篇　家庭教育百问百答

上篇

合格家长应知应会

第一章　注重家庭家教家风

主题故事

“三注重”培养好孩子

有这样一个小学生，她是家长心中的好孩子，是老师眼中的优秀生，是同学们口中的开心果。她就是2019级3班的郝佳宁（化名）。

上小学以来，郝佳宁连续五年获得校级三好学生称号，另外，2021年她荣获邢台市信都区科技作品二等奖，2022年被评为邢台市信都区优秀少先队员，2023年其绘画作品《奇幻的丝绸之路》参加“一带一路”美美与共国际艺术交流展并荣获金奖。在校五年期间，她多次参与中国国际时装周，录制真人秀，作为少儿模特还被录入《少儿模特素养教材》，成为少儿模特教学的模板。

在我们对郝佳宁伸出大拇指赞叹的同时，也对她的家庭充满了好奇，是怎样的家庭培养出了如此优秀的孩子呢？

她出生在一个普通家庭，父亲和母亲是普通的公司职员、公务员，一个弟弟上二年级，她的太姥爷、姥爷和姥姥都曾是教育工作者。整个家族非常注重家庭、注重家教、注重家风（三注重）建设，她家连续多年被评为“文明家庭”，家人仁义和睦、爱岗敬业、尊老爱幼，这些对佳宁的影响是全方位的。

她的自信、独立来源于家庭教育的滋养。佳宁在家里虽然是小朋友，但面对一些事情的时候，爸爸妈妈也会询问她的意见，尊重她的想法。这就促使她勇于表达自己的想法、观点，可以独立地处理一些事情。

郝佳宁4岁开始选择兴趣班，妈妈没有直接按自己的想法去给她报兴趣班，而是带着她到各个兴趣班去参观，回家之后，聊她在兴趣班观察到的好玩的事情，问她喜欢学什么。有的人说，她这么小懂什么，你直接给她选了吧。妈妈说："她虽然小，可能不太懂，但我会用她能听得懂的语言让她明白这些都是做什么的，选择权应该在她自己手中。"兴趣班的学习也有很辛苦的时候，幼小的郝佳宁也会打退堂鼓。这个时候妈妈会鼓励她：所有事情不只有喜欢，更要有努力，你喜欢这件事，选择做这件事，那就要持之以恒。妈妈的做法体现了她们家的教育理念：孩子不是附属品，而是一个独立的个体，家人应该尊重孩子的意愿。

一次偶然的机会，正在上幼儿园的郝佳宁看到模特比赛可以穿漂亮裙子，小女生爱美的天性使然，她自己报了名。妈妈说："既然报了名，我希望你可以全力以赴去对待。要想做好，必须要有付出，不管是时间还是体力。"尔后，妈妈让她了解少儿模特是干什么的，需要怎么做。通过妈妈的辅助，小佳宁做好了吃苦受累的思想准备。在接下来日子里，对每一次训练，她都认真、刻苦地完成；对每一场演出，她都提出自己的造型创意。一路付出让她拿下了最佳上镜奖，由此开启了她的少儿模特之路。

佳宁妈妈说，当看到女儿把少儿模特这个事情做得这么用心，开心的同时，作为妈妈也开始担忧。毕竟郝佳宁到了要上小学的年龄，做一名小学生还是要以学习为主。所以，引导郝佳宁重视学业成了妈妈此时的困惑。

佳宁妈妈求助姥姥，姥姥问："你还记得你上初中发生的一件事情吗？那时网络刚开始走入大众的视野，我带你去了网吧。网络是新兴的事物，我想你对它肯定好奇，我不带你去，你自己可能会偷偷去，那还不如我带你一起，在这件事情上对你有个正确的引导。我这么做的目的是让你知道事情都有两面性，网络可能会让你接触到一些不良的信息，但同时也是你学习知识的新途径。那时我告诉你，希望你能在这件事上锻炼自己的自制力、自控力。佳宁的这件事，你不用过多困扰，她自己专心专注去做好一件事，是值得表扬的。孩子现在要上小学了，你把入学之后的规矩给她立好，告诉她以学业为重，在不影响学业的情况下，给她足够的自由。你要相信你自己的女儿有这个能力，就像我当时相信你一样。"听了姥姥的话，佳宁妈妈的心放下了。

正是因为姥姥在那个年代对妈妈的教育传承，才有了今天妈妈对佳宁的良好教育。后来，通过和姥姥的交流得知，佳宁的太姥爷从22岁到退休，一直工作在教育一线。

在她们老家门口有一块"师德常昭"的匾，上面有很多人的名字，太姥爷的名字格外大，其他名字都是太姥爷的学生。学生们用这样一种方式感谢老师的授业之恩，那是他用一生的教育理念守护的结果。在日常生活中，太姥爷常会给子孙们说：一定要尊敬老师，感恩老师。

在佳宁姥姥小的时候，她太姥爷就告诫孩子对人要尊敬、理解、包容、帮助，有事情要告知家长等。佳宁姥姥记住了父亲说的话，直到自己也做了妈妈。

佳宁妈妈小时候，家长经常嘱咐她：进出家门要跟长辈报备；长辈站着，晚辈不可坐着和长辈对话；用餐的时候，长辈不动筷子，晚辈不可先动筷子；长辈说话，晚辈不可插嘴等等这些我们中国的传统礼仪。佳宁妈妈工作后，姥姥又说：对前辈和同事的尊敬不能少，每个人都是老师，能够教会你不同领域的知识。姥姥常站在朋友的角度而不是长辈的角度跟女儿相处，所以在佳宁妈妈整个成长过程中，姥姥一直是以引导和建议的方式在教育她。

佳宁妈妈说，从她有记忆以来，自己所有的事情，父母都会询问她的意见，年龄偏小时，父母会给出指导意见，但不会替她做决定。她想做什么，会跟父母沟通，父母会在了解之后给予最大的支持。她也会犯错，犯了错就跟父母一起面对错误，改正错误。父母常说，孩子哪有不犯错的，只要知错能改，就是好的。

“知错能改”四个字让佳宁妈妈印象深刻。她说：“这四个字在我们家很平常也很日常，但直到我接触的朋友越来越多的时候，在平时的聊天中我才明白，这四个字是父母在教育我的过程中给予我最大的财富。”

佳宁妈妈在外地上大学期间，保持着每天跟父母通话聊天的习惯，会分享自己的见闻。有一天，因为自习课上座位的问题，她跟其他班的同学发生了争执，并且遭到了辅导员的批评。晚上，她打电话将这件事跟父母诉说完，同学问她："你跟父母说这些事情他们不会批评你吗？你怎么什么都敢跟父母说啊。"这一刻她意识到，原来不是所有的父母都可以跟孩子有很好的沟通，让孩子有改错的机会，自己之所以可以坦然面对错误，去改正，是因为父母给予自己无限的信任和尊重。也正是因为佳宁姥姥对女儿的教育方式，让佳宁妈妈在教育佳宁时，不知不觉也运用了这样的智慧家教。

佳宁妈妈说，在自己当了母亲之后，才真正开始思考父母对自己的教育。回想起妈妈曾经说："每个人的思想、习惯都不同，每个孩子也都是不同的个体，教育这件事不可千篇一律，也不可随性而为。"所以在郝佳宁的教育上，培养孩子树立了正确的价值观、道德观和人生观之后，她没有压抑孩子的天性，而是从天性出发，观察并充分发挥孩子的优点，最大程度地锻炼她的自信心和独立性。

2019年9月，郝佳宁成为邢台市育红小学泉北校区的一名小学生，从幼儿园的玩乐式教学转变为正式课堂，对于一名6岁的孩童来说，没有那么强的适应能力，家庭教育在此时成了关键。那时的郝佳宁每天回家都会跟妈妈聊聊一天在学校发生了什么。比如，有同学上课直接出了教室，她听课听累了趴下歇了会儿，在学校为什么不可以吃东西了，等等。佳宁妈妈会耐心地听完女儿的"唠叨"，然后认真回应，告诉她这些事情的对错以及原因。母女俩这些日常的聊天，看似平常和随意，却成了妈妈及时了解女儿的心理、正确引导她的教育模式。

每个孩子都是一棵小树苗，需要家长的呵护和培育，我们不能一味地裁剪而不去呵护。佳宁妈妈回忆，孩子刚上三年级的时候，学校开始布置家庭作业。面对突然需要完成的书写作业，佳宁也会有自己的小脾气，不愿意做，不明白为什么从学校回到家还要写练习题。妈妈看着女儿发脾气，没有简单制止，而是等她先把情绪发泄完再讲道理。佳宁的妈妈想，作为大人的我们都不能时刻保持情绪稳定，何况是孩子，有时候我们要给予孩子一些自由的空间，给他们的“坏情绪”找一个发泄口。等孩子的“坏情绪”走掉之后，妈妈开始跟佳宁沟通：“女儿，现在学习的内容跟一、二年级比，你感觉有什么不一样吗？”佳宁说：“好像不像一、二年级那么容易懂，有些题需要想一想才能懂。”“那老师留作业你觉得是为什么啊？”妈妈看着佳宁问她。“为了让我们更好地巩固今天学的知识。”佳宁思考后回答。妈妈发现，孩子心里的问题都会表露在行动上，不做作业只是他们情绪波动的反应之一，而根本原因是她不知道写作业的作用和意义。

原因找到了，接下来怎么去做就是重点。佳宁妈妈知道，孩子心智发展还不成熟，自我约束能力弱，不能过高估计孩子的自控能力。于是，她号召全家一起培养孩子写作业的良好习惯。首先，让孩子参与制订写作业计划，让孩子更有参与感，而且当完成任务时会更有成就感。在目标的设定上，有短期目标，比如认真完成作业、不磨蹭、作业正确率高等等；有中期目标，比如期中考试成绩达到多少分、一个月内做作业的认真度保持到什么程度；还有长期目标，比如学期末的进步、成绩达到什么水平；等等。其次，共同营造利于写作业的环境。每天到了固定时间，全家人都专心地进入学习状态，不开电视，不吵闹，一家人各自投入自己的学习当中。这时候，佳宁写作业表现得很安静，状态很好。再次，给佳宁足够的时间完成作业。孩子每天都会有作业，要让孩子养成自己记作业的习惯。在写作业之前，先根据各科作业的难易程度和数量分配时间，比如数学可能半小时完成，语文可能一小时完成，给孩子留出充足的时间。孩子在规定时间之前完成作业，可以让她自由地玩一会儿。孩子在规定时间之后完成作业，要分析一下原因，帮助孩子提高效率。还有，帮助孩子战胜恐惧。佳宁写作业时会遇到难题卡壳进行不下去，这时，妈妈会帮助她一起战胜恐惧。最后，妈妈用“目标激励”的方法，让孩子在写作业时内心充满动力。通过这些步骤和措施，佳宁感觉写作业不再是一件难事，越来越轻松了。

在爸爸妈妈的用心陪伴与引导下，郝佳宁做事情表现出越来越坚毅的一面。学校的暑期作业中“社会实践”是介绍家乡，从小就喜欢历史的她，选择了讲解博物馆的文物。在视频作业录制当天，博物馆内来参观的人络绎不绝，她为了让自己的作业做得完美，在不打扰其他人的情况下，反复录制。妈妈一度以为她要放弃的时候，她仍然在嘈杂的人群中蹲在地上完善自己的稿子，选择可以匹配稿子的画面。事后妈妈问佳宁，是什么让她今天可以录制几十遍也不觉得累。佳宁说："妈妈，你告诉过我，做事情要有始有终，不能有困难就退缩，我想做的事情我应该把它做好，这是对我自己负责。"听完女儿的话，佳宁妈妈感觉到了家庭教育传承的意义。

郝佳宁积极向上的心态，专心致志的学习习惯，与同学友好相处的能力，面对困难和挑战时坚韧不拔的精神，都受益于其良好的家庭、家教和家风。

习近平总书记曾指出：“不论时代发生多大变化，不论生活格局发生多大变化，我们都要重视家庭建设，注重家庭、注重家教、注重家风。”党的二十大报告再次强调“加强家庭家教家风建设”。

孩子一生要接受家庭教育、学校教育、社会教育，而家庭教育是人生教育的起点和基点。孩子成长中的问题，要在源头上治理。源头在哪里？就在家庭、家教、家风，这是解决问题的根本所在。本章要解决的是关于家庭、家教、家风建设的基本问题，即是什么、为什么、怎么做等。

第一节　注重家庭

孩子出生于家庭，成长于家庭，家庭对孩子的影响是全方位的。家庭是孩子成长的摇篮，是他人生的加油站和避风港。一个和谐向上的家庭，能为孩子的成长提供满满的正能量，能促进孩子成人成才。

一、正确理解家庭

家庭是以婚姻和血缘关系为纽带，以父母、夫妻和子女为主要成员的生活共同体。在社会体系当中，家庭作为一种组织形式，具有生活、组织、管理等功能，是人们生活的基本场所，是人们生存、成长和发展的起点。

从幼年到青少年时期所受的家庭教育，会影响人的一生。家庭是一个生态系统，祖辈、父辈、同辈、子辈、孙辈等成员之间会相互影响。孩子是弱小的，最容易受到影响，所以家庭的问题往往从孩子身上显化出来。要预防孩子出问题，想培养好子女、树立好家风，就离不开家庭建设。

二、幸福家庭需要建设

家庭建设涉及硬件建设和软件建设，二者缺一不可，都须予以重视。

（一）家庭硬件建设

家庭硬件指的是衣食住行等所需的有形之物。在硬件建设方面，要遵循“量力而行，健康适用”的原则，不要为了满足吃穿住行这些物质条件的高要求而背负沉重负担，要为家庭软件建设留足资源。在环境布置上要适合家庭成员的特点，尤其要做到“适老生活”和“适童成长”。要明白房子好、车子好、票子多，不等于家庭好，孩子也不会因此而拥有持久幸福。对孩子来说，物质条件带来的富足感是短暂的，也是会递减的。目前绝大部分家庭的吃穿不再是问题，物质方面相对富足，导致节俭、感恩教育效果甚微。用逐步加码的物质激励手段短时有效，但最终会导致孩子形成“交换”的思维模式。孩子感觉学习似乎是为了家长、为了老师、为了奖励，自我成长缺乏内驱力。如果孩子的教育缺乏后劲，会影响到孩子的持续发展。

（二）家庭软件建设

家庭软件主要是指家庭文化建设、情感建设，也可以说是家风建设。只有好的家庭软件，才可以给家庭成员带来持久的温暖和力量。做到身心和合，才能促进家庭和睦，进而带来社会和谐。满足温饱之后，人的精神需求日渐突出，家庭建设的不足会导致出现人际冲突。所以，家庭要充满温馨，家庭成员之间要相互关心，互相成就，共建共享，让家庭变成适合个人生活的地方。让家庭成员敢于出去拼搏，又乐于回家团圆。家庭应该成为每个成员温暖的港湾，成为人生的加油站。

《礼记·大学》中的“修身、齐家、治国、平天下”是有顺序的。“齐家”就是治家，相当于家庭建设。家庭是人的关系最亲密的地方，也是冲突最多的地方。幸福家庭不只是一个结果，而是一个动态的发展过程，需要持续地建设，需要全家人共建。“齐家”的基础是修身，家庭正是个人修身的重要场域。

三、家国本来一体

习近平总书记2016年12月12日在会见第一届全国文明家庭代表时的讲话中指出，家庭是社会的细胞。家庭和睦则社会安定，家庭幸福则社会祥和，家庭文明则社会文明。历史和现实告诉我们，家庭的前途命运同国家和民族的前途命运紧密相连。我们要认识到，千家万户都好，国家才能好，民族才能好。国家富强，民族复兴，人民幸福，不是抽象的，最终要体现在千千万万个家庭都幸福美满上，体现在亿万人民生活不断改善上。同时，我们还要认识到，国家好，民族好，家庭才能好。

总书记的讲话指明了家庭和国家的紧密关系。家是最小国，国是千万家。家庭与国家、社会紧密相连，是国家的基础，是社会的构成细胞。孟子说：“天下之本在国，国之本在家。”没有家庭的幸福，就没有国家的稳固和社会的安定。当然，没有繁荣稳定的国家，就没有一个个幸福和睦的小家庭。家国一体，荣辱与共。家庭发展只有融入国家发展大局，与民族命运相连，家庭和个人才更有希望，才更容易成功。服务国家、献身国家是孩子成长源源不断的动力，是走出个人小圈子，预防空心人、躺平、抑郁症等最有效的路径。

服务国家是建设家庭、教育孩子的大方向，是家长要时刻铭记的大事。教育孩子把生命融入国运，与国家、民族和人民同呼吸、共命运，这样的孩子才更有前途。大愿前行，才能心想事成。有理想信念，人生才不迷茫，动力才更强劲。心里装的人越多，想服务的人越多，得到的支持也就越多，个人发展前途才更光明。因此，奉献祖国、服务人民是每个公民应尽的职责。

四、发挥家庭功能要全面

家庭是最小的社会组织，是社会的基本单位。家庭的功能，主要有生育功能、抚养功能、赡养功能、经济功能、政治功能、社会功能、教育功能、情感功能、文娱休闲功能等等。生育功能完成的是人的再生产，是我们人类以及种族延续的必需；抚养功能是人在幼年得到物质和精神养育，使其正常生长；赡养功能是对老年人的，是让他们在晚年得到照料和尊敬；经济功能是家庭的生产、分配、消费、投资等，是家庭衣食住行基本生活的需要，也是一代代长期发展的需要；政治功能是说家庭像一个小型政府，也有家长权威，存在参政议政，一个个家庭也会影响到国家的多个方面；社会功能是指家庭要抚养教育孩子适应社会发展，成为社会人；教育功能是为每个家庭成员特别是未成年人提供接受教育的机会，提供必要的物质条件、情感支持及方法指导，完成家庭教育的职责；情感功能是指家庭为每位家庭成员提供个人情感和被接受的环境，成员之间如果日常互动频繁，情感交流充分，彼此之间就容易相互理解和支持，这是家庭生活幸福的基础；文娱休闲功能是指家庭中要有丰富多彩的休闲和娱乐活动，让生活充满乐趣，这些活动可以让家庭成员身心愉悦和放松。

家庭不简单，功能很全面。只有全面完成家庭各种功能的建设，并且充分发挥作用，才能建设美满幸福的好家庭。

五、家庭与孩子成长

家庭应该成为孩子梦想启航的地方，成为孩子实现梦想的加油站，为他们未来的发展奠基。

（一）家庭是水，孩子是鱼

养鱼的人都知道，鱼出问题大概率是因为水有问题了，“养鱼重在养水”。对于家庭建设而言，如果孩子是鱼的话，家庭就是水，水好鱼儿壮。家庭建设就是要创造出适合家人特别是适合孩子发展的物质环境和精神环境。成人是大鱼，孩子是小鱼，小鱼是跟着大鱼学会游泳的。大鱼要做好游泳示范，还要根据鱼儿的特性，让小鱼到更适合的水域去遨游。

（二）家长是孩子的一面镜子

家长的行为和态度会对孩子产生深刻的影响。父母就是孩子的一面镜子，家长的修为是家庭教育的灵魂，决定着孩子的修为，父母自己做得好，孩子才容易好。要经营和建设好家庭，物理环境、文化环境、人际环境、情绪环境等都对孩子起着巨大的作用。所以，家长一定要重视自身的言行和家庭建设，努力成为孩子的榜样。

（三）引导鼓励孩子自己解决问题

在孩子成长的过程中，家长要积极关注问题，把解决问题的主动权交给孩子，引导鼓励孩了直接面对问题，让孩子自己去想方法、找资源，让孩子明白只有行动起来才能解决问题。在这个过程中，家长要与孩子一起成长。

六、家庭结构对孩子的影响

随着时代的发展，我国现阶段的家庭结构也呈现出多样化，主要有五种，分别是核心家庭、主干家庭、联合家庭、单亲家庭、重组家庭。

一方面，家庭结构越简单，对孩子的影响因素越少，矛盾越少，建立感情的难度也越小，单个人对孩子的影响越大；反之，家庭结构越复杂，对孩子的影响因素越多，矛盾越多，建立感情的难度越大，影响孩子的人越多，单个人对孩子的影响越小。针对不同结构的家庭，要做好相应的情感关系的建设，处理好成人之间的关系，在教育孩子问题上要统一意见，发挥有利因素，避免不利因素的发生。

另一方面，不同的家庭结构对孩子的成长会产生不同的影响。一般来说，健全的家庭对孩子影响更为全面，更有利于孩子的成长。但是，事实也告诉我们，单亲家庭、重组家庭、外出务工家庭、隔代家庭也能培养出优秀的子女，关键在于是否能根据不同类型家庭特点进行有效的教育。家庭变故不是教育不好孩子的理由，所以，每个人都要树立信心，主动地担起责任，保持积极的心态，学习科学的家庭教育知识，把孩子培养好。

第二节　注重家教

2018 年 9 月 10 日，习近平总书记在全国教育大会上的讲话中指出：办好教育事业，家庭、学校、政府、社会都有责任。家庭是人生的第一所学校，家长是孩子的第一任老师，要给孩子讲好“人生第一课”，帮助扣好人生第一粒扣子。

《全国家庭教育指导大纲（修订）》提出：家庭教育是学校教育和社会教育的基础，家庭是人生的第一所学校，家长是孩子的第一任老师，家庭生活中父母对儿童的教育和影响，对其良好行为习惯、思想品德、价值观的形成，健全人格的培育等都具有基础性作用。

家庭教育非常重要，家长是实施家庭教育的主体，要对家庭教育负主体责任。

一、家庭教育是根的培育

《家庭教育促进法》明确规定：家庭教育是指父母或者其他监护人为促进未成年人全面健康成长，对其实施的道德品质、身体素质、生活技能、文化修养、行为习惯等方面的培育、引导和影响。

人的教育是一项系统工程，包含着家庭教育、学校教育、社会教育，这三种教育缺一不可。但在这项系统教育工程之中，家庭教育是一切教育的基础，对孩子的影响力最大，因为家庭教育本身所具有的几个特点是其他教育所无法取代的。

（一）家庭教育具有早期性

家庭是儿童生命的摇篮，儿童早期所接受的教育几乎全部来自家长，而早期教育阶段是人的身心发展的重要时期。古语说，“染于苍则苍，染于黄则黄”。婴幼儿期是人生熏陶渐染化的开始，人的许多基本能力是在这个年龄阶段形成的，如语言表达、基本动作以及某些生活习惯等，性格也在这个阶段逐步形成。脑科学的研究表明，正常人一出生，大脑就有大约一千亿个脑细胞，或称神经元。它们彼此孤立，当受到外界信息刺激时，每根神经元就会发育出许多树枝状的树突来。树突之间通过突触互相连接，突触越多，形成的神经网络越发达，大脑的功能越强，智力也就越高。同时，人的智力和性格在 0—3 岁间就发展到 60%，3—6 岁间发展到 80%，6—8 岁间发展到 90%，8 岁以后的发展则渐趋缓慢，到 13 岁左右，大脑发育最关键的敏感期就结束了。这也就是我们常说的“三岁看大，七岁看老”。可见幼儿时期是智力发展最迅速的时期，也是进行早期智力开发的最佳时期，如果家长在这个时期所实施的家庭教育良好，将为孩子智力发展、好的行为习惯和性格的形成奠定良好的基础。

（二）家庭教育具有连续性

孩子出生后到青春期，几乎三分之二的时间生活在家里，朝朝暮暮在接受着家庭的教育。这种教育是在有意和无意、计划和无计划、自觉和不自觉之中进行的，不管是以什么方式、在什么时间进行教育，都是家长以其自身的言行在生活习惯、道德品行、谈吐举止等方面随时随地给孩子做出示范，其潜移默化的作用相当大，甚至伴随其一生。所以，有些教育家又把家长称为孩子的终身教师。

（三）家庭教育具有权威性

家庭教育的权威性是指父母、长辈在孩子身上所体现出的权严和威力。家庭的存在，确定了父母、子女间的血缘关系、抚养关系、情感关系；子女在伦理道德和物质生活的需求方面对父母、长辈有很大的依赖性，家庭成员的根本利益的一致性，都决定了父母对子女有较大的制约作用。父母的教育易于被孩子接受和服从，家长合理地运用这一特点，对孩子良好品德和行为习惯养成是很有益处的，对于幼儿来说尤其如此。

（四）家庭教育具有感染性

父母与孩子之间的血缘关系和亲缘关系的天然性和密切性，使父母的喜怒哀乐对孩子有强烈的感染作用。在家长高兴时，孩子也会参与欢乐，在家长表现出烦躁不安和闷闷不乐时，孩子的情绪也容易受到影响。如果父母亲缺乏理智而感情用事，脾气暴躁，会使孩子盲目地吸收模仿。家长在处理一些突发事件时表现出惊恐不安、手足无措，对子女的影响很不好；如果家长处变不惊、沉稳坚定，会教给子女遇事沉着冷静，对孩子心理品质的培养起到积极作用。

（五）家庭教育具有及时性

家庭教育的过程，是父母、长辈在家庭中对孩子进行的个别教育行为，比幼儿园、学校教育要及时。常言道：知子莫若父，知女莫若母。家长与孩子朝夕相处，对他们的情况可以说是了如指掌，孩子身上稍有什么变化，即使是一个眼神、一个微笑，父母都能心领神会。所以作为父母，通过孩子的一举一动、一言一行就能及时掌握他们当下的心理状态，发现孩子身上存在的问题，并予以及时教导、纠偏，不让问题过夜，这样可以使不良行为习惯消灭在萌芽状态。

（六）家庭教育具有缓发性

掌握了正确的育儿方法，需要家长长期坚持运用，这就需要家长有一定的耐心和能量。家庭教育具有缓发性，家长希望孩子快速变好，可能需要一个月、半年，有可能一年甚至更久的时间。所以家长应秉持只问耕耘不问收获的态度，以强大的信念能量去坚持，定会有所收获。

如果把教育比喻成一棵树的话，家庭教育是树根，学校教育是树干，社会教育是树冠。一棵树能否长得枝繁叶茂，关键在根扎得深不深。所以，对于婴幼儿和青少年，在家庭教育中，家长一定要引领孩子及早接触和学习中华优秀传统文化，遵循“童蒙养正”的原则，做好固本、铸魂、打底色的工作，让孩子从小坚定文化自信，避免不良文化的入侵腐蚀，为孩子终身发展奠定坚实的基础。

二、家庭教育的首要任务是做人教育

家庭教育涉及很多方面，但最重要的是品德教育，是如何做人的教育。

（一）做人教育会影响孩子一生

《全国家庭教育指导大纲（修订）》指出：家庭教育重在教孩子如何做人。家庭教育要从养成良好习惯开始，逐步培育儿童正确的价值观，培养儿童热爱党、热爱祖国、热爱人民、热爱中华民族，明礼诚信、勤奋自立、友善助人、孝亲敬老等良好思想品德，增强儿童的法律意识和社会责任感，使其养成好思想、好品德、好习惯、好人格，以及与他人、与社会、与自然和谐相处的能力。

教育孩子做人就要抓孩子“好思想、好品德、好习惯、好人格”的培养，这会影响孩子的一生。“富润屋，德润身”“小胜靠智，大胜靠德”“仁者寿”“仁者无敌”“厚德载物”“厚德载福”等等都在告诉我们，家庭教育作为根的教育，必须把道德品质的教育放在首位。国无德不兴，人无德不立。只有品德好的孩子才能飞得高、行得远。

（二）品德教育是孩子做人的方向和动力

孩子成长没方向，学习没动力，首先要思考“德”的问题。孩子所谓的心理问题，多与世界观、人生观和价值观有关。解决孩子的心理问题，要在认知、态度、品德方面去思考，运用心理学的手段是“头痛医头，脚痛医脚”，教育好孩子需要用系统的思维，要从品德入手。

《家庭教育促进法》指出：家庭教育以立德树人为根

本任务，培育和践行社会主义核心价值观，弘扬中华民族优秀传统文化、革命文化、社会主义先进文化，促进未成年人健康成长。在家庭教育中，家长要教育孩子树立并践行社会主义核心价值观，做到“爱国、敬业、诚信、友善”，这是时代的要求，最有生命力；家庭教育要弘扬“中华民族优秀传统文化、革命文化、社会主义先进文化”，这是孩子发展的根。

三、教育孩子的三个新视角

在家庭教育中需要关注三个新视角：

（一）孩子是来唤醒家长的

孩子出现问题是来唤醒家长的。家长什么时候开始从自身思考问题，从自我角度解决问题，是真正成熟的开始。家长前进一小步，孩子会前进一大步。

家庭是一个生态系统，每个人与家庭环境之间都是息息相关的。有时候，孩子以伤害甚至牺牲自己的方式来唤醒家长、唤醒家庭，甚至整个家族。孩子的身体健康和学业上的问题给父母带来痛苦，父母需要通过孩子的状况反思自己、成长自己、完善自己。家长自己不成长，只是单方面给孩子提出目标，甚至是提出不切合实际的要求，然后让孩子去完成，这是非常不明智的做法。

（二）家庭精神状态是重要的教育因素

一个家庭的精神状态，可以春风化雨、润物无声、滴水穿石，在不知不觉中会影响每个家庭成员，尤其是孩子。这一点却很容易被家长所忽视。家庭、家教、家风是因，孩子的成长是果。对于父母来说，建设幸福家庭，科学实施家教，培育优良家风才是最重要的，需要每个人用心去做，这叫“因上努力”。孩子的健康成长则是果，要“果上随缘”，这是基本逻辑。简单地说，没有好的家庭，就谈不上好的家教，更谈不上好的家风。当然，好的家庭也不是一般意义上的物质丰富，结构完整。贫困家庭、单亲家庭、留守家庭也可以养育出优秀的子女。家庭中，家庭成员之间相亲相爱、共建共享、彼此成就是最重要的。

“望子成龙，望女成凤”是中国父母普遍的愿望。父母希望孩子优秀无可厚非，只是我们要知道一个道理，子女要成龙成凤，首先要成人。家长要清晰一点，好孩子是教出来的，而孩子受教育的起点和基点在家庭教育。《三字经》中的“养不教，父之过”，就是说生养子女却不教育，是父母的过错。

《礼记·学记》中说，“教也者，长善而救其失者也”。“教”的目的是使人的善良不断增长，使人的过失得以挽救，做人的教育才是教育的基础与核心。

（三）“五位一体”的家庭教育基本逻辑

当代家庭教育“五位一体”的观点认为：对家庭教育来说，了解孩子是前提，家长的自我觉察与自我成长是根本，亲子关系是基础，成长成才是目标，工具和技术是保障。五个方面是一体的，家长要进行自我的家庭分析，缺什么就要补什么。

四、父母要亲自抚养孩子

习近平总书记在会见第一届全国文明家庭代表时的讲话中指出：家长特别是父母对子女的影响很大，往往可以影响一个人的一生。

（一）父母养育孩子是自己成长的需要

父母生养孩子，是自己成长的过程，也是与孩子共同成长的过程，正如老话所说“养儿方知父母恩”。抚养孩子要吃苦，但这是父母智慧和境界提升的必要途径，不可放弃，不要抱怨，而要感恩。

（二）父母亲自养育是孩子成长的需要

建立亲情是孩子成长的强大精神支持。6 周岁以前，是孩子安全感和自我意识形成的关键时期，也是建立亲情的关键时期，此时，谁为孩子付出多，孩子与谁建立的亲情就深厚，这是未来引导、教育孩子的资本。

（三）父母忽视亲自养育子女的原因

一般来说，教育效果具有缓发性特点，几年甚至十几年才会显出问题。也正因为如此，年轻的父母往往会以各种借口推辞亲自抚养孩子的责任。孩子的问题，特别是严重的问题都不是瞬间发生的，而是多年积累的结果，一旦凸显出来，解决的难度非常大。所以，孩子在小学以前，父母工作期间如果不方便带孩子，晚上、周末、假期也要多带孩子，必须亲自带，不可完全交给祖辈，也不能交给保姆。

（四）抚养孩子就像在孩子的“情感账户”存钱

父母亲自养育孩子，就像在孩子的情感账户里存钱。未来说教、批评、指责甚至打骂孩子都是从情感账户取钱。早期存钱不够，逐渐地，当账户无钱可取时，会导致情感枯竭。孩子到了小学尤其是初中阶段，就能看到问题的严重性了。原来给情感账户存钱少的父母，孩子大概率易与父母对抗，出现所谓的“叛逆”。

五、陪伴是重要的教育

陪伴是家庭教育的重要组成部分，陪伴中的教育是自然有效的教育。

（一）有爱的陪伴是孩子健康成长的重要前提

亲人间最重要的是感情，感情离不开真心陪伴。真心陪伴孩子，家长要做到全心全意，要放下手头的工作和手机，和孩子共同做一件事情，这是重要的情感链。真正的陪伴，是在孩子需要的时候，父母就在身边。父母如果只顾自己，而缺席了孩子的成长，一定会有后悔的一天。无论何时，无论夫妻的关系如何，作为父母的一方，都不要对孩子说另一方的不好，不要表达对另一方的愤怒、怨恨，这对孩子的成长和婚恋非常不利。

（二）不在身边也能陪伴

父母双方或一方在外地工作的，平时要通过信息手段与孩子保持交流，能见面的尽量多见面，让孩子知道自己是有爸有妈的孩子，不是没人要没人管的。心中有父母，想念和敬畏父母，是孩子重要的成长动能。

六、家庭教育的最高境界是家长的自我成长

（一）家长需要与孩子共同成长

《全国家庭教育指导大纲（修订）》指出：家长在家庭教育中负有主体责任，要依法依规履行对子女的监护职责和抚养教育义务，了解监护人的法定权利和义务，学习家庭教育知识，掌握家庭教育理念和方法，提升科学实施家庭教育的能力。

家庭教育是家长和儿童共同成长的过程。家长的素质是影响家庭教育的重要因素，家长应当努力做到举止文明、情趣健康、敬业进取、言行一致、好学善思，自觉践行社会主义核心价值观，以健康的思想、良好的品行教育影响儿童。

（二）家长自我成长能带动孩子成长

家庭教育最简单的操作，就是“家长做好榜样，孩子自然跟随”。所谓“上所施，下所效”，即上行下效。与父母身教相比，其他的家教方法都是末技。父母不学习、不提升，却要求孩子优秀，只会徒劳无功。把孩子交给老师，交给培训机构，交给心理咨询师等等，也不会取得好的效果。如果父母在家不孝敬父母，事业上不思进取，对人不诚信、没礼貌，对生活多抱怨、不担当，对待孩子焦虑、粗暴、急躁、不信任，孩子是无法健康成长、顺利成人的。

（三）家长自我成长是家庭教育的捷径

家庭教育是需要学习的，只有父母好好学习，孩子才

能天天向上。家长成长是家庭教育的最高境界，也是最有效的捷径。家庭教育与学校教育不同，没有教学大纲，没有课程标准，没有日课表，而是在日常生活中随时随地进行。家庭教育是家长先接受教育，然后再自然影响到孩子。《家庭教育促进法》里说的家庭教育是成年人对未成年人的“培育、引导和影响”，不是刻板地用空洞的大道理说教，更不是批评、指责甚至谩骂，而是家长明白道理、掌握方法之后，对孩子进行的自然而然的言传身教。

七、“境教”是家庭中潜移默化的教育

境教是物质环境和人文环境对孩子的影响，是潜移默化、润物无声的教育。

（一）境教及其基本规律

家庭境教的“境”，包括家庭的物理环境和精神环境两方面。物理环境是硬件建设的结果，精神环境是人文软件逐步升级的结果，起到的育人作用是潜移默化的，也是巨大的。

境教有一个基本规律，就是孩子年龄越小，境教对其作用越大。孟母三迁，是为了给孩子选择更适合的成长环境。当下出现择校热，除了热点学校学生的考试成绩好以外，可能家长更看重的是学校优良的校风、教风、学风。但是，择校产生的积极影响会被不良的家庭环境打回原形。

（二）境教如何做

家庭中的境教，依次可以这样做：

第一，做大扫除，让家庭变得干净、整齐、有序，这对孩子好习惯和专注力的培养有积极影响。第二，改造客厅，让客厅兼有书房、健身房等功能，让家人读书、健身、写作业的地方变得舒适、方便、美观、安静。第三，建设“家庭文化园地”，展示孩子的作品、荣誉，展示家规家训、家庭愿景和个人目标，张贴家人之间的“鼓励贴”“感恩词”。第四，在客厅设置“养机场”，集中放置家人的手机，家长带头做合理使用电子产品的榜样。第五，创建爱国爱家、相亲相爱、向上向善、共建共享、友善邻里的新时代好家风。

第三节 注重家风

家风是一个家庭的风气，是家庭成员生活成长的生态环境。家风好，有利于孩子的健康成长；家风差，孩子会养出问题。

家风家教是一个家庭最宝贵的财富，是留给子孙后代最好的遗产。广大家庭都弘扬优良家风，千千万万家庭的好家风会支撑起全社会的好风气。

一、家风是最重要的传家宝

“家风”常被人们挂在嘴边，常言道：“传金传银，不如留下好家风。”

（一）什么是家风

关于家风，有两种说法值得我们关注。曾仕强先生在《中国式家风》中写道，家风是一个家庭、一个家族不断传承下来的那种很难用语言说得清楚的东西，可以说是一种风气。另一种说法也比较普遍，家风又称门风，指的是家庭或家族世代相传的风尚、生活作风，即一个家庭当中的风气。两种说法有一个共同点，那就是传承，世代相传，这正是“传家宝”的特点。金银财富，甚至是诗书，这些都属于有形资产，再珍贵也是容易损坏丢失的。只有良好的家风才是深植内心、影响深远、可以传承的，也最珍贵。

（二）家风形成过程漫长，相对稳定

家风的形成，是一个由父母或祖辈提倡并能身体力行和言传身教，用以约束和规范家庭成员的过程，它最终表现为一个家庭的风尚和作风。家风是一个家庭长期培育形成的一种文化和道德氛围，有一种强大的感染力量，是家庭伦理和家庭美德的集中体现，其形成过程漫长，一旦形成也相对稳定。

（三）有什么样的家风，就会有什么样的子孙

家风是家庭的精神内核和道德源头。一个人追求什么、反对什么、崇尚什么、摒弃什么，都与其家风密不可分，息息相关。可以说，有什么样的家风，就有什么样的子孙。大凡家风严正、清明端良的家族，子孙也会贤良、文明、多有成就。

二、家风的属性有积极也有消极

家风是社会风气的重要组成部分。家庭不只是人们身体的住处，更是人们心灵的归宿。家风好，就能家道兴盛、和顺美满；家风差，难免殃及子孙、贻害社会，正如《了凡四训》所言，“积善之家，必有余庆；积不善之家，必有余殃”。还有诸葛亮《诫子书》、《颜氏家训》、《朱子家训》等，都是在倡导一种家风。很多老一辈革命家也是高度重视家风的典范。

家风是一个中性概念，可以兼具积极和消极内容。有的家风可能是勤奋俭朴、为人忠厚、待人有礼；有的家风可能是狡诈刻薄、游荡为非、忿戾凶横。因此，家风具有多样性与优劣性，只有那些纯正优良、符合时代发展的家风才值得我们学习借鉴。建设家风就要建设优良家风，有优秀文化基础，符合时代特色，符合国家大义，符合家庭实际，利于后代发展。

三、家风具有润物无声的特点

家风有别于家庭世代相传的道德准则和处世方法，它是一个家庭的性格特征。家风一旦形成，即成为教化的资源，不必刻意教诫或传授，仅仅通过耳濡目染就能让家族子弟获得精神气质，具有潜移默化、润物无声的意义。

家风通常以生活经验、实践智慧或价值理念的形式蕴含于家训、家规、族谱等文献载体中，也以实践理性的样态渗透在家庭成员的日常行为中。

四、好家风是家家都该有的精神不动产

好家风是一个家庭最好的精神不动产，可以代代相传。

（一）树家风就是播种子

家风建设就是在孩子心田上播撒种子。俗话说“种瓜得瓜，种豆得豆”“开什么花，结什么果”，家风对子孙的影响也是一样，有什么样的家风就会有什么样的儿孙。好家风才有好儿孙，好家风就是传家宝。

人们常说“家和万事兴”，家和是有前提条件的，“父爱则母静，母静则子安，子安则家和，家和万事兴”。大至国家强盛，社会祥和，小至个人生活幸福，事业兴旺，身体健康，皆以和谐的家庭为基础。

（二）好家风可以塑造人

好家风可以立品格。先学做人，后学做事，是中国人的古训，也是很多幸福家庭都传承的做法。在好家风滋养下长大的孩子，人品自然端正。

好家风可以定性情。有句话说：性格决定命运。好的性格，能让一个人更积极地面对生活，走上更平顺的道路。而塑造一个人性格的，正是他的家庭。

好家风可以树志向。家风好的家庭，能为一个人日后的志向定下基调。好的家风，是一个人前进的灯塔，告诉你一个人哪怕生于平凡，也当有志向。有志向，才能找到自己愿意为之付出一生的事业，成人成才。

（三）成文不成文，家家有家风

家庭有多个种类，家风也必然如此。古代的官宦之家、

商贾之家、学者之家等都有自己的家风，以家训家规的方式流传甚广。现代，不论是革命家庭还是普通百姓家庭，每个家庭即使没有形成家规家训，也有这样或那样的家风，都对后代影响深远。

五、如何建设好家风

家风建设需要做的事情很多，其中非常重要的有五点：

（一）领导带好头，坚持主旋律

家风与村风、民风、党风紧密相连。每个家庭，尤其是领导干部家庭、共产党员家庭，更要注重家风建设，起到模范带头作用。

家风建设要在家庭中培育和践行社会主义核心价值观，引导家庭成员特别是下一代热爱党、热爱祖国、热爱人民、热爱中华民族。要积极传播中华民族传统美德，传递尊老爱幼、男女平等、夫妻和睦、勤俭持家、邻里团结的观念，倡导忠诚、责任、亲情、学习、公益的理念，推动人们在为家庭谋幸福、为他人送温暖、为社会做贡献的过程中提高精神境界、培育文明风尚。

（二）爱家爱国，培育时代新人

2022 年 6 月，总书记在四川考察时指出：要推动全社会注重家庭家教家风建设，激励子孙后代增强家国情怀，努力成长为对国家、对社会有用之才。

家庭作为社会的基本细胞和人生的第一所学校，是培养时代新人的起点和关键环节，具有天然优势和特殊作用。

新时代的家庭家教家风建设，要以培养担当民族复兴大任的时代新人为着眼点，从家庭做起，从娃娃抓起，教育引导后代把党和国家确定的奋斗目标作为自己的人生目标，做新时代的追梦人。历代好家风，都不会局限在自己一个小家，而是有家国情怀。只有奉献国家，才能大有作为。

（三）遵循政策，跟上新时代

家风建设要以总书记关于注重家庭、家教、家风的重要论述为指导，以《家庭教育促进法》为准绳，贯彻《全国家庭教育指导大纲（修订）》的要求，“家庭要倡导尊老爱幼、夫妻和睦、勤俭持家、亲子平等、邻里团结的家庭美德，创建民主、文明、和睦、稳定的家庭关系。家庭成员要共同构建优秀家庭文化、传承良好家风，为儿童健康成长营造和谐的家庭环境。家长要学会优化家庭生活，为儿童提供健康向上、丰富多彩的活动”。在家风建设中，只有遵循这些原则，才能形成好的家风。

（四）家风建设，人人有责任

家风形成需要一个长期的过程，需要一代人甚至几代人的努力。老人要宣扬好家风，父母要示范好家风，夫妻要掌舵好家风，子女要继承好家风，孙辈要顺服好家风，兄弟姐妹要竞比好家风。只有全家人达成共识，共同努力，才能建设和传承良好的家风。

（五）树立规矩，要从小开始

新时代倡导“民主平等、尊重理解、文明和谐”，但绝对不是弱化规矩。规矩就像交通法规，不是限制人的自由，而是为了保证道路畅通。树立基本的人生规矩，必须在孩子的初中阶段以前完成。否则，在初中阶段家长能做的只有包容、尊重和理解了。规矩的重点是长幼有序、文明用语、基本礼节和良好的学习生活习惯等，这些都需要从小就对孩子进行示范、引导，并加以规范。

六、汲取中华优秀传统文化精华

中华文化源远流长，博大精深。在中华优秀传统文化的宝库中，有许多家风、家教、家规、家训方面的内容，它引领和造就了一个个成功的家庭和家族，使他们得以绵延昌盛、世代繁荣。这是古人为我们留下的弥足珍贵的家庭建设的遗产，我们要认真学习，消化吸收，为我所用。比如，周公《诫伯禽书》、诸葛亮《诫子书》、颜之推《颜氏家训》、钱镠《钱氏家训》、范仲淹家训、包拯家训、袁黄《了凡四训》、朱柏庐《朱子治家格言》、林则徐“十无益”格言、《曾国藩家书》等，都是家训中的精品。我们每个家庭要把这些内容与自己的家庭基础、新时代的要求结合起来，虚心听取长辈的意见，集中全家人的智慧，研究制定自己的家训，形成自己的家风，用于涵养自己的家庭并传至后代，这是一件非常有意义的事情。以下是自古以来铭刻到中华民族骨子里的内容，需要大家传承和发展。

仁：儒家思想的核心，指的是人与人之间的和谐、友爱、互助和共情。

忠：指对国家、对人民、对党、对上级、对爱人、对亲友、对事业、对自己的忠诚和忠实。

孝：指对父母、对长辈、对祖先的孝顺和敬重，要有孝心更要有孝行。

礼：指遵守社会规范和道德准则，表现出恭敬、谦虚、礼貌、谨慎、节制等品质。

义：指遵循正义和公平的原则，表现出正直、公正、诚信、勇敢等品质。

和：指追求社会和谐和个人内心平静，表现出温和、宽容、包容、协调等品质。

勤：指勤奋努力地工作和学习，表现出勤劳、节俭、创新、进取等品质。

贞：指对自己的信仰、理想、情感、道德等方面的坚守和忠贞，表现出坚定、忠诚、纯洁、贞节等品质。

智：指对事物的认识、理解、判断和处理的能力和水平，表现出聪明、智慧、学识、才能等品质。

信：指对自己的言行和承诺的真实和可靠，表现出诚实、信用、信任。

良好的家风，能使家庭兴旺，子女代代有出息。要想使自己的家庭、家族永续发展，建议大家花一些时间和精力来修自己的家谱，明白自己血脉的来源，知道列祖列宗中曾出现过哪些光宗耀祖的人物，从此找到灵魂所依，树立家族自豪感、文化自信感和立身使命感，让良好的家风一代一代传下去。如果每家每户都能遵循和弘扬中华民族主流价值观，营造良好的家风，形成爱国爱家、相亲相爱、向上向善、共建共享的社会主义家庭文明新风尚，就能推动党风、政风、社风、民风的持续向好，共同为实现中国式现代化作出我们各自家庭的贡献。

第二章　以立德树人为根本

主题故事

尚德贤的成长故事

在联合国教科文组织巴黎总部，活跃着这样一个中国女孩：她容貌端丽、大气干练，以出色的工作表现获得了多方肯定。作为教科文组织人力资源局的一员，她负责文化科学、信息等多部门的工作。对内，通过与各部门的项目主管进行有效沟通，确定所需招聘职位相关的参考条款、工作范围和能力要求，为各部门挑选合适的人才；对外，则是在人力资源领域联合各会员国的教育部、外交部，与其建立并保持长期稳定的合作伙伴关系，为教科文组织招募来自世界各地有能力的青年人才，保障人才的可持续性。由于工作出色，她获得了延期留用的资格。她，就是尚德贤（化名）。

她是一个90后，从中国邢台这个普通的城市走到了联合国教科文组织的舞台，她先后以实习生、国家公派生的身份在联合国教科文组织巴黎总部工作，并参与制订了教科文组织国际职员人才学习和发展计划。

2017年，习近平总书记在联合国日内瓦总部发表《共同构建人类命运共同体》主旨演讲，点燃了尚德贤对国际组织和全球治理这一议题的兴趣，她决心为助力构建人类命运共同体贡献青春力量。她表示，将以习近平总书记提出的“构建人类命运共同体”这一大国担当的理念为目标，做中法之间、中国与国际之间的桥梁，做国际和平事业的推动者。

这么优秀的一个女孩，有着怎样的成长故事呢？

她出生于河北邢台一个普通的家庭，妈妈是医生，爸爸是公司职员，和其他普通家庭不同的是，她的爷爷是一名老八路。爷爷的言传身教，深深地影响着这个家庭的家教和家风。爷爷为她取名德贤，就是希望她长大后德才兼备，成为国家的栋梁之材。

自小，爱国主义的种子就在德贤的心中扎下了根。听着爷爷讲述战争年代的故事，她被先辈们抛头颅洒热血的英雄事迹深深感动，懂得了和平幸福生活的来之不易。从小学开始，她就立下一个鸿鹄之志：要向爷爷学习——爷爷用流血流汗报效祖国，自己要用知识和智慧为祖国服务。从小学四年级到大学，德贤的成绩一直名列前茅，在国内大学毕业之后，更是先后取得了法国巴黎索邦大学、Skema商学院、西班牙马德里康普斯敦大学三所高校的硕士文凭，而且从大学开始到国外留学的费用，她都是靠自己的奖学金支付，没有给家庭增加任何负担。

爷爷常和她说，要想服务社会、报效祖国，得学好知识、有真本领。德贤读大学选择了法语专业，硕士毕业后选择留在联合国教科文组织巴黎总部工作。她说：“祖国的发展日新月异，国家的各个领域与世界各国的联系、交流、合作也越来越多，中国在国际舞台上扮演着越来越重要的角色，因此我也想为我们的祖国能更好地参与全球事务贡献自己的力量。”

随着阅历的增加，身在国外的德贤更是深深体会到了祖国的温暖和强大。她经常跟身边的同胞感慨：“我们不只生活在一个幸福的年代，更是生活在一个幸福的国度。”

德贤在联合国教科文组织工作的时间久了，有一个感悟：我们中国人和外国人的表达方式、思维方式有着巨大的差异，这有可能导致中国的某些做法得不到国际社会的理解和支持。所以，中外之间的沟通交流显得尤为重要，而我，愿意为此作出自己的贡献。

小时候的德贤也比较贪玩，有时候看起动画片来，喊她都听不见。老师给她的评价是：很聪明，就是不够认真。所以三年级之前，她的成绩在班级中处于中等水平。有一次，德贤的爸爸找到班主任和学校校长，专门请教怎么才能帮德贤提高成绩，得到的回答很一致——不要让电视影响了孩子的学习。当天，家里就为此事专门召开了家庭会议，全家约定：电视从此束之高阁，大家都要读书学习。从那天之后，一到晚上，小屋里温暖的灯光下，妈妈在读医学类的书籍，爸爸开始阅读12本一套的《中华上下五千年》，德贤做完作业读奥林匹克趣味数学、趣味语文。

德贤爸爸说过一个有趣的插曲。有一次他经过百货大楼，看到有一种线特别长的耳机，寻思着用这个耳机，既能看电视还不影响孩子学习。没想到他在家里津津有味地说出自己的打算时，德贤从屋里出来，郑重其事地对他说：

"爸爸，虽然你看电视没声音，可是我知道你在这儿看电视，我就很想出来看，我也不想看书了。"爸爸听了，连忙承认自己违反了规则。从那儿以后，全家人再也没有看过电视。二十多年了，一套《中华上下五千年》已经翻烂，现在重新买了一套放在床头。

德贤从小到大没有上过辅导班。一到放假，爸爸妈妈就带着她去旅行。从小学到高中，为了让她开眼界、长见识，他们一家几乎走遍了祖国的名山大川，而各个城市的博物馆是他们必到的地方，这些保护和传承着优秀文化的地方让她沉醉痴迷、流连忘返。这些经历，为德贤的成长打下了良好的基础。到了国外，她最喜欢去的地方依然是博物馆，每到一个新的博物馆，她会马上拍照跟家人分享所见所闻。

德贤从初中开始就表现出语言天赋，尤其是英语，几乎每次考试都拿满分。初中时的一个暑假，她自己要求去北京新东方学校参加一个21天的英语训练营。从此，她对语言的兴趣越来越大，英语能力更是突飞猛进，连连拿到英语口语比赛的省级、国家级奖项。这对她后来选择学习法语奠定了坚实的基础。

德贤精通法语、西班牙语、英语等三种外语，尤其是法语。德贤的法语发音标准，她多次在联合国教科文组织的各项活动中受邀担任中方翻译。有些同事称赞她："你对法语掌握的熟练程度，甚至超过了法国本地人，感觉法语像是你的母语呢！"听到这些，德贤心里有一些小小的骄傲。当她把这句话告诉爸爸的时候，爸爸略显严肃地说："德贤，不管你对法语的掌握有多么熟练，你一定要记住：中国话，永远是你的母语，这一点，走到哪里都不能改变啊！”她妈妈说，德贤对家乡的事情很关注，对祖国的高速发展很自豪。

随着德贤在联合国教科文组织的时间延长，她的工作越来越得心应手。可是在国内，除了为孩子感到骄傲，妈妈的担忧却日渐滋长，其中最让她焦虑的事情是：德贤眼瞅着一天天长大了，也该考虑恋爱结婚了，可她人在国外，怎么谈呢，万一找一个外国人呢，当妈的心里接受起来真有点难度。想要为她操心，又鞭长莫及。这种担忧变成了视频电话里的唠叨和催促，也变成了妈妈每夜的辗转反侧。

很长一段时间，德贤都不太敢接妈妈的视频电话。在爷爷住院期间，看到视频画面里爸妈渐渐憔悴的面容，德贤心中的天平发生了倾斜，她虽有千般不舍，还是向联合国教科文总部提交了辞呈，踏上了回国的飞机。

回国后的德贤到北京一家大型金融企业就职。出色的个人才能很快让她在新的岗位上大放异彩，受到了领导的赏识，短短半年时间就成为业务骨干。离家近了，工作报酬也很丰厚，可是德贤并不快乐，她觉得失去了在联合国工作时的那份激情和成就感。

经过一段时间的认真思考，德贤专门回到家里，郑重地和爸妈商谈：我想要辞职，我要回巴黎去，我更喜欢在联合国工作。妈妈还想说些什么，这时候，爸爸讲了一个自己的故事：爸爸上学的时候学的是化工，毕业后被分配到一个政府单位的秘书科工作，这真是一个令很多人都羡慕的工作机会。可是当时“脑子进了水”的爸爸，坚持自己学的是化工，想要去一个有实验室的地方。最后，爸爸进了工厂，再往后成了第一批下海经商的商人。但是，爸爸说他不后悔，因为他知道自己适合做什么、喜欢做什么。

爸爸的话给了德贤无穷的力量，也更坚定了她的决心。很快，联合国教科文总部接受了德贤的申请。这一次，德贤深切感觉到，自己的背后有父母默默的关注，有祖国强大的支持，她变得轻松了，同时，也感受到了一份沉甸甸的期望。她告诉自己：无论身在哪里，我的心永远在中国；无论工作在哪里，我的国籍永远是中国，我永远是一名中国人。

曾仕强曾经说过，一个人的基础教育，不是在学校，不是在社会，而是在家庭。家长的眼界格局潜移默化影响着孩子，在良好家庭氛围熏陶下成长起来的孩子，自然也会如沃土中的树苗，必会长成枝繁叶茂的参天大树。

习近平总书记指出：家庭教育涉及很多方面，但最重要的是品德教育，是如何做人的教育。

德，在任何时候都是做人的根本，也是成才的根基。德与才犹如鸟之双翼，车之两轮，“才者，德之资也；德者，才之帅也”（《资治通鉴》）。一个人只有具备良好的品德，其拥有的“才”才能用之于正道，造福于家国。

《全国家庭教育指导大纲（修订）》强调：家庭教育重在教孩子如何做人。家庭教育要从养成良好习惯开始，逐步培育儿童正确的价值观，培养儿童热爱党、热爱祖国、热爱人民、热爱中华民族，明礼诚信、勤奋自立、友善助人、孝亲敬老等良好思想品德，增强儿童法律意识和社会责任感，使儿童养成好思想、好品德、好习惯、好人格，培养儿童与他人、与社会、与自然和谐相处的能力。

家庭教育是学校教育和社会教育的基础，因此，家庭教育要牢牢把握“立德树人”这一根本任务。

第一节 树立社会主义核心价值观

党的十八大提出要积极培育和践行社会主义核心价值观。“富强、民主、文明、和谐”是国家层面的价值目标，“自由、平等、公正、法治”是社会层面的价值取向，“爱国、敬业、诚信、友善”是公民个人层面的价值准则。社会主义核心价值观在国家、社会和个人三个层面既各有侧重，又相辅相成，成为一个有机统一体，覆盖社会道德生活的各个领域，是每个公民必须恪守的基本道德准则。在家庭中培育社会主义核心价值观，是我们家庭教育的重要内容。家长要注重言传身教，结合孩子的年龄特点，把社会主义核心价值观教育融入日常生活的每个细节。

一、培养爱国情怀

爱国是社会主义核心价值观的核心。对于每个家庭来说，要把爱家和爱国统一起来，把个人梦、家庭梦融入中国梦、民族梦之中，引导孩子形成对祖国的深厚感情，让他们在实际的经历和感悟中自然生长出爱国之心。家长要以身作则，时时处处示范爱国行为。比如，关心国家大事、遵守法律、积极履行公民义务等，孩子会通过模仿大人的行为来学习和理解什么是爱国。

要在日常生活中渗透爱国主义教育：如国庆节和孩子一起观看国庆阅兵、升旗仪式，参与社区的爱国主义活动等；

讲述历史故事，特别是那些展现民族精神和国家荣耀的事件，使孩子了解祖国的发展历程和取得的伟大成就；引导孩子学习和欣赏中国传统文化，如诗词、音乐、艺术、民俗等，增强他们对中华文化的认同感和归属感；带领孩子实地参观游览祖国的大好河山和人文景观，如历史博物馆、爱国主义教育基地等；结合体育赛事、科技成就等引导孩子看到国家的进步和发展，体验身为中国人的骄傲和自豪；教育孩子关心他人和社会，鼓励他们参与志愿服务，培养他们的社会责任感和公民素质。

培养孩子的爱国情怀，要鼓励孩子树立报国之志，将自己的前途命运和祖国的前途命运紧密结合。一个具有家国情怀的孩子，才有可能“乐以天下，忧以天下”“不以物喜，不以己悲”，表现出一个真正的爱国者的责任与担当。

二、培养敬业精神

敬业是一个人对自己所从事的工作及学习负责的态度，是每个孩子应该具备的优良品质。父母作为孩子的第一任老师，其对待工作和事业的专注度、投入感和专业性，都会潜移默化地影响孩子。

在家庭日常生活中，到处存在着培养孩子敬业精神的机会：给孩子分配一些适合他们年龄阶段的家务劳动，并明确完成任务的质量要求；帮助孩子订立学习计划和目标，同时指导他们合理安排时间，学会按部就班、持之以恒地去实现目标；对孩子的努力过程给予肯定和赞扬，即使结果不尽如人意，也要让他们了解到辛勤付出的价值，明白只有坚持和努力才能做好事情的道理。

家长可以通过游戏或者模拟实践活动让孩子体验不同职业，理解各行各业的工作内容及价值。也可以分享成功人士的故事，让他们认识到敬业精神对于事业成功和个人成长的意义。在家庭活动中注重团队协作，让孩子明白敬业不仅仅是个人的事情，还包括与他人的合作，这样才能共同完成更宏大的目标。

三、培养诚信意识

人无信不立。在家庭中培养孩子诚信的品质，父母首先要做到言行一致，诚实守信。无论是对待家人、朋友还是处理生活事务，都要体现出诚信的态度，让孩子在生活中自然而然地受到熏陶。

讲解古今中外有关诚信的故事，通过“曾子杀猪”“陈太丘与友期行”等故事，让孩子明白“言必信、行必果”的重要性，理解诚信的价值和不诚信的后果。在家庭中营造具有松弛感的氛围，让孩子知道，只要他们诚实地表达想法和情绪，就会得到父母的理解和支持。当孩子犯错时，鼓励他们勇于承认错误，不要撒谎、掩盖，同时要理解和接纳他们，并引导他们改正错误，借机培养孩子的诚信、勇敢、担当的品质。

制定家庭规则，遵守规则应得到表扬和鼓励，违反规则必须承担相应的责任。当家庭成员之间发生冲突时，教育孩子要坦诚相待，真诚沟通，通过事实说话，解决问题，而非互相指责或隐瞒、歪曲事实。这样可以让孩子明白，诚信不仅是道德要求，更是社会交往的基础。

在日常生活中点滴渗透诚信教育，如做游戏时不许作弊、承诺的事情要尽力做到、借了别人的东西要及时归还等。教育孩子不要轻易许诺，许诺了就要遵守，一诺千金。

四、培养友善行为

友善是人与人之间和谐相处的基石。积极心理学家发现，人类社会的进步和发展不是靠斗争实现的，也不是靠战争和掠夺实现的，而是靠我们的善意实现的。什么是善意？善意就是我们要和他人合作、交往、交流时表现出的善良的心意。一个和谐、宽容的家庭氛围，是培养孩子友善品质的沃土。鼓励孩子理解、尊重他人的感受，教导孩子换位思考，有助于培养他们的同理心，这是友善品质的核心。

开展团队游戏或者共同完成家务等活动，可以让孩子学会共享资源，懂得团结协作。当孩子体会到互助互爱带来的快乐，他们会更加乐意去关心帮助他人。当孩子表现出友善行为时，家长应及时给予肯定和赞扬，让他们知道这种行为是值得鼓励和推崇的。比如，当孩子主动帮助弟弟妹妹或者孝敬长辈时，可以夸赞他们的善良和体贴。父母还要细心捕捉孩子身上慷慨分享的倾向，并鼓励和支持他的每一次分享行为，让他体会分享的快乐。

在家庭中难免会出现小摩擦和冲突，这时家长应引导孩子学会用和平、友善的方式解决问题，而不是争吵或攻击。教会孩子理智沟通、包容谅解，这对于塑造他们的友善性格至关重要。参与社区公益活动，或者向需要帮助的人伸出援手，都能让孩子在实践中体验到友善的力量。

第二节　继承中华传统美德

中华传统美德是立德树人的根基，是支撑中华民族生生不息、薪火相传的重要精神力量，是家庭文明建设的宝贵精神财富。对孩子进行中华传统美德教育，不仅有助于提高孩子的道德素质，还能帮助孩子安身立命，行稳致远。中华传统美德博大精深，在家庭教育中做好对孩子的教育和引导，家长可重点从以下几个方面入手：

一、孝敬父母

孝敬父母是国人立身处世的基石，不仅是中华民族千百年来的传统美德，更是子女最基本的家庭伦理责任。有子曰：“其为人也孝弟，而好犯上者，鲜矣；不好犯上而好作乱者，未之有也。君子务本，本立而道生。孝弟也者，其为仁之本与！”从某种意义上讲，历经数千年的中华传统文化是在家庭体系及其价值观——孝的影响下逐步发展起来的。因此，孝是“中华民族持续存在的基本力量”（徐复观《中国思想史论集》），是一切道德行为的起点，是一种基本的社会职责，一切教化都是从这儿生发出来的。

（一）关注父母的衣食住行

满足和改善父母的生活条件，这是孝敬最基本的体现。在父母身边时，子女要时刻留意父母的衣着是否舒适，烹制的饭菜是否合乎父母的口味；关心父母的健康状况，定期陪同他们进行体检。还要关注父母的心理状态，倾听他们的心声，看见他们的需求，用温暖的关爱，让他们感受到家的温馨与幸福。

（二）尽量多陪伴父母

子女要抽出时间，陪伴父母度过愉快的时光。比如，陪他们聊聊天、散散步、带他们去旅行，欣赏美丽的风景；在重要的节假日，子女要陪伴在父母身边，与他们共度佳节；在作重要决定时，与父母商量，虚心听取他们的意见；陪他们拜访老朋友，回忆过去的点滴；一起观看老电影，重温过去的时光；等等。这些活动不仅能够丰富他们的精神生活，还能增进家庭成员之间的感情。

（三）尊重父母

孔子说过，孝顺父母最难的在于保持和颜悦色。因此，和父母说话时，态度一定要真诚，语调一定要和缓，不能以“都是为你好”为借口，对父母的某些做法或习惯表现得不耐烦，甚至训斥父母。此外，我们还可以鼓励、支持父母参加社区的老年人活动，为他们创造更多的社交机会，让他们在同龄人群中找到归属感，感受到快乐。

（四）家长要率先垂范

家长在对长辈的嘘寒问暖、真情付出中，会影响和感染孩子领会孝悌之情，无形中让他们懂得感恩，学会将心比心、传递真爱，使孝道美德世世代代承袭下去。在孝敬父母的基础上，做到“老吾老以及人之老”，将孝敬父母的美德进一步推广和深化。

二、尊重师长

尊敬师长，是中国传统文化中的一项重要道德规范和行为准则，其核心理念是对教师、长辈以及拥有丰富经验和学识的人表达尊重和敬意。因此，尊敬师长不仅是一种礼仪，更是对知识和智慧的敬畏，是对成长道路上给予我们帮助的人们的感恩；不仅体现了个人的道德修养，也是中华民族尊师重教优良传统的具体体现，对于构建和谐社会、传承优秀文化具有重要意义。

（一）要帮助孩子理解尊敬师长的内涵

韩愈《师说》开篇就指出：“古之学者必有师。师者，所以传道受业解惑也。”师长，不仅仅是传授知识的老师，更是我们成长的引路人。他们用自己的智慧和经验，为我们指明前进的方向，帮助我们成为更好的自己。在实际行动中，尊敬师长表现为礼貌待人，遵从教导，勤奋学习，积极进取，以优秀的品德和学业成绩回报师长的栽培。

（二）要引导孩子明确尊敬师长的意义

荀子说：“国将兴，必贵师而重傅；贵师而重傅，则法度存。”这告诉我们，尊重师长不仅是个人的道德必修课，也是国家兴旺发达的基石。一个民族的优秀文化正是靠着一代又一代人的传承而源远流长，一个国家的科技成果正是靠着一辈又一辈人的努力而不断创新。清代诗人罗振玉有言："一日为师，终身为父。"这句话强调了师生关系的深厚与长久。父母平时对自己老师的感激和牵挂，见到老师时真诚亲切的问候和关心，都让孩子在耳濡目染中习得了尊重师长的习惯。谈论孩子的老师时，要多表达对他们辛勤工作的理解和感激，有意识地加强和老师的交流与合作，都是对孩子最直接的影响和教育。

（三）要教育孩子正确看待师长的批评和教诲

引导孩子以感恩之心对待师长，对师长的批评和意见，有则改之、无则加勉，将其视为提升自己的机会，而不是抱怨和逃避的借口。

三、关爱他人

关爱他人是中华民族传统美德的重要组成部分，是建立良好人际关系和社会关系的重要前提。作为父母，要教会孩子如何关爱他人，让他们成长为有爱心、有同情心、有责任感的人。

（一）要引导孩子学会关爱家人

家庭是孩子成长的摇篮，也是他们学习关爱他人的起点。父母要教孩子学会关心家人的生活，关注家人的情感，与家人分担家务，共同营造温馨和谐的家庭氛围。

（二）要教育孩子尊重他人

尊重他人是关爱他人的前提，也是建立良好人际关系的基础。父母要引导孩子学会尊重他人的意见、习惯和隐私，不随意干涉他人的生活，不嘲笑他人的缺点，尊重他人的权利和尊严，不歧视和欺负弱小群体，用包容和理解的心态对待他人。

（三）要培养孩子的社会责任感

社会责任感是关爱他人的重要体现，也是培养合格公民的基本要求。父母要教会孩子为自己负责，遇事不推脱、不逃避；教育孩子勇于承担社会责任，引导孩子关注社会热点问题，积极参与公益活动，用自己的力量去帮助那些需要帮助的人，传递温暖和爱心，让自己成为有道德、有品质、有素养的新一代，为中华民族的伟大复兴贡献自己的力量。

四、勤劳节俭

勤劳节俭，是中华民族千百年来传颂不衰的美德。在现今社会，尽管物质条件日益丰富，但勤俭节约的精神依然具有重要意义。它是一种生活习惯，一种人生态度。作为家长，我们应从自身做起，将勤劳节俭的传统美德一代代传承下去。引导孩子树立正确的价值观和生活态度。

勤劳，不仅是创造美好生活的基石，更是培养孩子独立性和自主性的重要途径。“幸福是奋斗出来的”，家长要教育孩子从小明白只有付出努力，才能换来生活的丰收和成就。家长亲自做家务并让孩子参与，体验劳动的艰辛和收获，培养他们的责任感和动手能力。让他们懂得劳动创造价值，懂得珍惜劳动成果。

节俭，是一种价值取向和人生智慧。在物质丰富的今天，我们更要让孩子理解古人关于“惜福”的观念及其背后的深刻含义。要教育孩子珍惜食物、节约用水用电，让他们明白资源的有限性和珍贵性。要引导孩子学会合理规划和安排生活开支，避免铺张浪费。家长对物质欲求的节制，不铺张、不攀比的做法，也是在家庭中培养孩子节俭美德的好途径。

五、诚实守信

诚实守信是一个人取信于他人、立足社会的根本条件，是每个人应该具备的基本素质。无论是与人交往还是处理事务，只有遵守承诺、信守诺言，才能建立起良好的人际关系，赢得他人的尊重和信任。然而，现实中有些人却不诚实、不守信，这不仅损害个人形象，也破坏社会的和谐与稳定。在诚实守信方面，家长应该坚持以下几项原则：

（一）对孩子要真诚

无论遇到何种情况，家长都应该真诚地面对孩子，根据孩子的理解能力和承受程度，坦诚地告诉孩子全部或部分真相，而不是用谎言来掩饰或逃避。比如，当孩子问起家庭的经济状况时，家长可以适当地解释，而不是用“我们家很有钱”或“我们家很穷”这样既模糊又极端的言论误导孩子。通过真诚交流，实情相告，家长可以教会孩子如何面对和理解现实生活的复杂性与多元性。

（二）对孩子信守承诺

家长对孩子的承诺，无论是小小的奖励还是重大的约定，都应该尽力去兑现。如果因为某种原因无法兑现承诺，父母应该及时向孩子解释并道歉。这样做可以让孩子明白，承诺是严肃的，需要用心去履行。同时，父母也可以通过自己的行为，教会孩子如何尊重他人，如何维护自己的信誉。

（三）做到言行一致

家长要确保自己的行为与所教导的价值观相符。这样才能让孩子真正信任并尊重他们。如果家长说的和做的不一致，孩子就会感到困惑和失望，甚至对家长的教导产生怀疑。

六、自强不息

自强不息是一个人不断前进、奉献社会的内在需求。《易经》中就把“自强不息”作为君子应具备的重要品德之一加以强调。作为新时代的家长，更要有信心和勇气去追求自己的梦想和目标，有毅力和决心去克服困难，积极乐观地面对生活中的各种挑战，用自身行动践行这一美德，让孩子在不知不觉中感受到它的力量。具体而言，父母可以从以下几个方面引导孩子培养自强不息的精神：

（一）鼓励孩子树立远大的志向

家长与孩子共同讨论未来的梦想和目标，引导他们明确自己的人生方向。同时让孩子理解，实现梦想需要付出艰辛的努力，持之以恒地奋斗。

（二）培养孩子的独立性和抗挫力

家长学会适当地放手，给孩子独立面对生活中的挑战和困难的机会。当他们遇到问题时，家长可以给予指导和建议，重要的是让他们学会独立思考，提高解决问题的能力，保持乐观的心态，培养坚韧不拔的毅力。让孩子在一次次克服困难的经历中，锻炼才干，增强自信。

（三）教育孩子勤奋学习

不断充实自己的知识和技能。知识是力量的源泉，只有不断学习，才能不断提升个人的能力和竞争力。家长可以与孩子一起制订学习计划，鼓励他们多读书、多思考、多实践。

第三节　德智体美劳全面发展

德智体美劳全面发展是立德树人的根本途径。培养全面发展的人是教育方针的具体要求。时下，不少家长望子成龙，把学习成绩作为衡量“好孩子”的唯一标准，却忽视了对孩子综合能力和健康人格的培养。孩子能否成人成才，一方面看学习成绩，更重要的是靠德智体美劳全面发展。在这一点上，家长一定要保持清醒的头脑，不断加强自身修养，才有能力做好对孩子的引领和教育。

一、德育养德

德育是五育之首，育人的根本在育德。随着现代社会的快速发展，在商品经济大潮和外来文化的冲击和影响下，当代家庭教育重智轻德的现象呈上升趋势，一些家庭中不同程度地存在着爱子有余，尊老不足，以及“啃老”“弃老”

的现象，品德教育在这样的家庭中难以真正落地，以至于有的未成年人因此而走上违法犯罪的道路，让人十分痛心。面对这一问题，家长应从为孩子负责、为家庭和家族负责的角度，把稳家庭教育的舵，找准立德树人的切入点，帮助孩子扣好人生的第一粒扣子。

（一）以家庭生活为依托进行品德教育

家庭是培养习惯的学校，家长是培养习惯的老师，生活是孩子学习做人做事最鲜活的教材。家长的一言一行，家庭的氛围和规矩，都会深深烙印在孩子的心灵深处，形成他们最初的道德观念和行为习惯。因此，和睦的家庭生活，尊老孝亲、诚实守信、友爱互助等基本的道德规范，是品德教育的基础环节。

（二）以言传身教为牵引进行品德教育

习近平总书记指出，广大家庭都要重言传、重身教，教知识、育品德，身体力行、耳濡目染，时时处处给孩子做榜样，用正确行动、正确思想、正确方法教育引导孩子。

言传身教是品德教育最直接、最有效的方法。家长在处理家庭事务和与社会交往中的点点滴滴，都应有意识地教会孩子欣赏真善美、远离假恶丑，养小德成大德。

（三）以社会实践为载体进行品德教育

家长鼓励孩子了解社会、参与社会、适应社会，以此开阔视野，健全人格，学会生活、学会学习、学会做人、学会交往，激发孩子关心社会、热爱祖国的情感，从小树立正确的理想和信念。

二、智育启智

智育是培养孩子全面发展的重要内容，它为其他四育提供认知基础。目前，家长受文化水平、工作性质、个人能力的影响，对智育的认识还不够全面，普遍存在重“育分”轻“育人”的现状，这种认识对孩子的全面发展非常不利。马克思指出：“孩子的发展能力取决于父母的发展。”家长强烈的求知欲，勤奋好学的精神，尊重知识、崇尚真理的好作风，对孩子来说是学习的榜样、成才的明灯。只有学而不厌，才能诲人不倦。家长只有及时更新自己的知识，才能适应孩子对知识的需要。家长在家庭教育中要做好以下几点：

（一）保护和促进孩子的创造力

培育孩子的好奇心、思维开放性、洞察力等认知品格为智育的核心目标之一。鼓励孩子以新的思维、方法去解决问题，保护好孩子的好奇心和想象力，尊重孩子对事物的不同看法；鼓励孩子倾听别人的看法，并引导孩子从更高的维度和整体上去认知世界；鼓励孩子认真观察、感受世界，能够用对自己和对别人都合理的方法来诠释世界。

（二）重视孩子对文化知识的学习能力

在孩子掌握基本知识点的同时，要注重提升孩子运用知识解决实际问题的能力。在家庭中要营造良好的学习氛围。家长勤于读书学习，少玩手机，是塑造家庭学习氛围的重要保证；家长在生活中、工作中保持好奇心和开放的态度，不断更新自己的知识结构，是促进孩子乐于接受新知、探索世界的有效推动力；家长善于制订和执行学习计划是孩子学习习惯养成的模仿范本。书香家庭、书香客厅、家庭小书架的打造，是学习型家庭塑造的物质和环境保证。家长要着力打造积极向上的朋友圈，和优秀的人交朋友，见贤思齐，才能鼓励孩子向优秀看齐，向卓越迈进，不断激励自己向更高的目标努力。

（三）不要把学习成绩作为衡量“好孩子”的唯一标准

家长必须戒除对“分数”的执着追求，更不能以“分数”作为评价孩子的唯一标准。要用多元智能理论认识孩子的潜力和发展，打破过去“唯分数论”的教育误区，培养孩子对自然科学和人文科学的兴趣、对当今前沿科技发展的兴趣，加强对孩子的通识教育，促进孩子思维全面发展。

“读万卷书，行万里路”，家长要帮助孩子增加见识，积极为孩子创造实践的机会，让孩子有机会用自己所学知识解决实际问题，为他人提供帮助，为社会作出贡献，切实感受到知识的力量，增强为祖国奉献自己的信心和决心。

三、体育健体

体育是促进一个人全面发展的基础条件。近几年，我国中小学生的身体素质指标呈下降趋势，国家对学生身体健康越来越重视，习近平总书记提出，要“文明其精神，野蛮其体魄”。科学研究表明，在体育锻炼中，人体所有的生理功能和相关机体组织功能都能得到激发和最大程度的改善。

体育不仅能强健身体，可以缓解压力、调整视力、提高智力，还可以培养孩子的团队精神、规则意识、冒险精神、挑战精神和坚持不懈的精神等。体育不仅是学校教育的重要任务，更是家庭教育的重要内容。

（一）家长要关注孩子的身体健康

保障孩子有个健康的身体，家长要指导孩子形成健康的生活方式。一要保证规律作息，养成锻炼的好习惯；二要坚持科学合理的营养，培养良好的饮食习惯，不挑食、不偏食；三要保证充足的睡眠，做到用脑卫生。

（二）家长要关注孩子的心理健康

家长要帮助孩子悦纳自我，管理情绪，学习建构积极的人际关系，帮助孩子提升自我效能感，体验全心投入的状态，锻炼孩子的成长型思维，全面提升孩子的心理健康水平。

（三）家长要培养孩子的意志品质

体育可以有效地培养孩子的意志品质。家庭体育的多样性、灵活性、直接有效性，为培养孩子的意志品质提供了各种各样的场景。比如登山、攀岩、越野等有一定冒险性的运动，有利于培养孩子勇敢、果断、机智、顽强的意志；晨跑、家庭联合足球赛等对体力要求较高、需要时间较长的运动，有利于培养孩子坚韧不拔的毅力；象棋、围棋等对沉着冷静心理要求较高的项目，有利于培养孩子的自律品质和自制能力；篮球赛、拔河比赛等，有利于培养孩子吃苦耐劳的精神和拼搏进取的品质。家长可根据家庭实际情况尽可能多地安排孩子参加体育锻炼活动。

（四）家长要做热爱运动的榜样

经常运动的家长，所表现出来的自信、勇敢，时时刻刻影响着孩子。家庭体育能够增进家长与孩子的亲密度，有利于建立良好的亲子关系。在共同参与的体育活动中，孩子会对运动形成一种积极的认知，会感受到家长对自己的重视和爱，从而会更加愉快、自信、独立，适应力也会更强。家长要行动起来，放下手机，关闭电视，和孩子从一个简简单单的伸展运动开始做起吧！

四、美育润美

一提到美育，很多家长认为就是让孩子唱歌、跳舞、画画。其实美育和德育、智育、体育一样，是人的全面发展的重要组成部分，是人生精神境界提升的重要内容。

（一）美的最高境界就是对生命和生活的热爱

每个人不但按照美的规律塑造物体，也塑造自己的人生。在家庭美育中，家长要从行为习惯美、语言智慧美、思想情操美、身体健康美等方面入手，引导孩子提高审美能力，提升美学追求，培养创造美的能力。张亮在《爸爸去哪儿》节目里说过，以前在家里从来不收拾自己，胡子拉碴，不修边幅。直到有一天，他注意到儿子也有样学样，到哪儿都顶着鸡窝头，才明白做个干净的爸爸有多重要。后来，不论在哪儿，他都保持着干净、整洁的模样，儿子也开始主动洗漱，说自己要像爸爸一样，变成大帅哥。

（二）家长要培养孩子发现美、欣赏美的意识和能力

罗丹说过，“美到处都有。对于我们的眼睛，不是缺少美，而是缺少发现”。家长自身要树立正确的审美观，在平常的生活环境中去发现美，在家庭活动中去感受美，在文化多元的环境中去鉴赏美。父母对生活之美的追求，会慢慢渗透进孩子的心田。春天里第一朵盛开的花朵、博物馆里文物跨越千年的姿态、亲人之间彼此照顾和关爱的举动，都蕴藏着美的元素，要让孩子有一双发现美的慧眼，有一颗敏锐而柔软的心。

（三）家长要引导孩子在生活中表达美、创造美

从小培养孩子要有创造美好世界和美好人生的梦想，树立审美理念。家长要引领和带动孩子把自己打扮得干干净净，把生活环境布置得整整齐齐，在与人交往中，表现得热情、礼貌，成为受人欢迎的人。同时，家长要为孩子提供表达美、创造美的平台，让孩子通过歌曲、音乐、舞蹈、写作等艺术方式去升华美的体验。

审美力是孩子在未来社会一项重要的竞争力。好的审美能力和艺术创造能力，能够拓展孩子对生活的感悟力，使孩子拥有更多途径获得幸福感和成就感，人生将会更加丰盈。

五、劳育促劳

劳动教育是孩子走向社会的重要保障。高尔基说过，“劳动是世界上一切欢乐和一切美好事情的源泉”。人们只有

掌握了必要的劳动技能，才能在社会生活中创造价值。诺贝尔物理学奖获得者朱棣文说：“很难想象那些只会念书，连煎蛋、煮蛋都不会的孩子，会懂得怎么做实验。”今天的不少家长，宁愿让孩子把时间花在各类补习班、兴趣班上，花在能为他们带来“成功”的事情上，也不肯让孩子锻炼基本的劳动技能，从而培养了一批四体不勤、五谷不分和高分低能的人。

（一）家长要帮助孩子认识劳动的意义和价值

哈佛大学一项长达20年的研究结果表明：爱做家务的孩子，长大后的就业率是不爱做家务的15倍，收入比后者高20%。简单的家务劳动提升的是孩子的综合能力，包括逻辑思维能力、观察能力、独立生活能力等，会让孩子做事更有规划性和条理性，在同龄人中具有更强的领导力。积极参加劳动锻炼的孩子，往往拥有冷静、理智、善良、感恩、体谅、责任等优点，心理健康指数和家庭幸福指数会更高。

（二）劳动会促进大脑发育、提高学习能力

中国教育科学研究院相关调查结果显示：爱劳动的孩子跟很少劳动的孩子相比，成绩优秀了27倍。可见，劳动教育更有利于孩子智力的发展，在某种程度上会推动孩子学习进步。劳动实践中蕴藏着无穷的智慧和财富。人类智慧的优秀成果、无数的发明创造、人类积累的大量财富，都是在劳动中获得的。

（三）家长要帮助孩子锻炼基本的劳动能力

根据孩子的年龄和能力，分配合适的家庭任务，如整

理书桌、打扫房间、洗碗、扫地、洗衣等，让孩子从小养成参与家庭劳动的习惯；家长展示出的对家庭劳动的积极态度和认真负责的精神，让孩子感受到劳动的美好；家长悉心的指导与陪伴，让孩子感受到劳动的乐趣；孩子完成任务后，要及时肯定和表扬，增强他们的成就感，激发其积极性和主动性。通过引导孩子做力所能及的家务劳动，培养孩子的劳动习惯和独立生存能力，使孩子成为有责任感的社会人。

第四节　养成良好的行为习惯

良好的行为习惯不仅是个人品德修养的重要体现，也是在社会交往中提升社会适应力，获得他人信任和支持的重要条件，既有利于个人的全面发展，也是社会和谐稳定、文明进步的基础。培根在《习惯论》中说过，思想影响行动，行动养成习惯，习惯形成性格，性格决定命运。叶圣陶先生强调，教育就是养成习惯。教育专家孙云晓也忠告家长，训子千遍，不如培养一个好习惯。可见，养成良好的行为习惯，对孩子一生的发展是多么重要。

一、在家庭教育中培养哪些习惯

要从以下四个方面培养好习惯：

（一）培养有利健康的习惯

身体是生命的基础和载体，健康的身体标志着旺盛的生命力。有利于健康的习惯，包括卫生习惯、饮食均衡习惯、运动习惯、作息规律习惯、保护视力习惯等。还要培养保持良好情绪的习惯，良好的情绪、阳光的心态有利于身体健康；负面的情绪、阴暗的心理则影响和损害身体健康。在日常生活中控制好自己的情绪，避免埋怨、嗔恨、恼怒、烦躁等不良情绪的滋生与侵扰。

（二）培养做人做事的习惯

成事先成人。做人是做好一切事情的基础。做人习惯，包括自信、自立、自强、自律、自爱、文明、礼貌等。做事习惯，包括认真、细心、坚韧不拔、合作共赢等。

（三）培养学习思维的习惯

学习是一个人成长的必要途径。学习思维习惯，包括集中注意、勤奋好学、阅读、思维、探究、自主学习和积极思考等。

（四）培养社会交往的习惯

交往能力是美好生活必备的一项社会技能，主要包括语言表达、倾听、交友、观察、共情以及处理问题的能力等。孩子具备了这些能力，会敢于交往、乐于交往，形成社会交往习惯。

以上这些习惯是一个人综合素质的体现，伴随着人的一生，也深刻影响着人的一生。好习惯好比银行存款，可以让人一辈子享受利息。

二、影响习惯养成的三大因素

人一生的习惯养成大抵要受到家庭、学校和社会三大环境的影响。家庭环境是基础，学校教育是桥梁，社会环境是场景。

（一）家庭环境的浸润

如果把孩子比作一棵幼苗，那么家庭环境就是幼苗生长的土壤。家庭是孩子最初接触并形成习惯的地方。家庭的精神价值、文化信仰、礼仪规矩、和谐程度、开放性以及民主氛围等对孩子的行为习惯具有决定性的影响。一个崇尚中华民族传统家庭美德、和善包容、积极向上的家庭环境，更容易培养出具有良好习惯的孩子。家长的言传身教、行为规范、情感支持及教育方式能够深刻育人，也时刻影响着孩子的习惯养成。爱不爱学习，懂不懂规矩，看似是孩子自身的问题，实质是家庭教育环境的问题。

（二）学校环境的影响

人的成长中关键的阶段是在学校里度过的。学校不仅是孩子学习知识文化的场所，也是良好习惯形成的助推器。学校通过科学的教学计划、严谨的课堂纪律和丰富多样的课外活动，为学生提供系统化的习惯培养平台。教师不仅是知识的传授者，更是行为模范，他们的师德修养、行为举止、教学态度和评价方式都会对学生的习惯产生影响。此外，同龄伙伴间的相互模仿和竞争也能促进或阻碍特定习惯的形成。

（三）社会环境的影响

一个人的行为习惯会受到社会的影响。俗话说“近朱者赤，近墨者黑”，一个人在外面所接触到的人和事，对他的习惯养成有着直接的影响。当代社会的主流价值观、法律法规以及公众舆论对青少年的习惯养成也有重要影响。

家庭、学校、社会这三个维度相互交织，共同构建了影响孩子习惯养成的多元生态系统。每个环境都需要提供积极正向的支持和引导，以促进孩子在各种情境中自觉形成和强化良好的行为习惯。

三、习惯养成的方法

想养成良好的习惯，首先要了解习惯养成的规律，其次要用好评价手段，并自觉执行制订的计划。

（一）学习习惯养成方面

培养孩子制订计划的习惯。合理安排学习计划对于提高学习效率、实现学习目标具有重要意义。这不仅能够帮助孩子明确学习方向，合理分配学习时间，还能让孩子在学习的过程中保持清醒的头脑和坚定的信念。

培养孩子自主学习的习惯。家长要鼓励、指导孩子提前预习，这是培养自主学习精神和自学能力、提高听课效率的重要途径。提前预习教材，自主查找资料，研究新知识的要点、重点，发现疑难问题，可以在课堂内掌握听课的主动权，使听课更具针对性，更有利于疑难问题的及时解决。

培养孩子专心上课的习惯。教育孩子课堂上集中注意力，认真听讲，积极回答问题；告诉孩子在听讲时要抓住重点、难点、疑点，边听边思考，把老师讲的、同学说的思路与自己的思路进行对比分析，找出解决问题的最佳途径。

培养孩子勤于思考的习惯。家长要提醒孩子养成认真观察、积极思考、善于提问、切磋琢磨的习惯。观察，被称为学习的"门户"和打开智慧的"天窗"，培养孩子的观察意识和观察能力，教给孩子观察方法，进而养成良好的观察习惯。提问是主动学习的表现，鼓励孩子勤于思考、敢于质疑以及善于提出问题。

培养孩子整理错题的习惯。家长引导和帮助孩子总结反思知识漏洞。准备一个专门的错题本，将错题、正答和解题思路详细记录下来，还要把考查该知识点的类似题目整理出来，随时翻阅，达到举一反三、触类旁通的效果。

培养孩子归纳总结的习惯。归纳和总结是学习过程中不可或缺的环节。通过合理地划分和整理知识，及时地回顾和巩固，可以帮助孩子更好地掌握所学知识，提高学习效果。

（二）生活习惯养成方面

培养孩子早睡早起的习惯。一日之计在于晨，早晨是阳气生发的时候，早起有利于孩子长精神。晚上 9 点钟身体开始分泌生长激素，早睡有利于孩子长个儿。

培养孩子时间管理的习惯。有的孩子早上起床需要催，晚上睡觉需要催，做作业也需要催，主要原因在于孩子对时间感知不明显。针对这种情况，家长可以通过各种方法让孩子认识时间、感受时间，进而利用好时间。比如，用沙漏计时等方法让孩子更清晰地感知时间的流逝，用番茄钟、四象限等方法学习时间管理技巧。

从"食育"入手，培养孩子健康的饮食习惯。妈妈在做饭时要倾注爱心，选择当地应季的天然食材；告诉孩子吃饭时要专心致志，细嚼慢咽，用心体会食物本身带给自己的味道；全家人用餐时要注意餐桌礼仪，做到长幼有序、举止文明；面对食物要感恩大自然的馈赠和人民的辛勤劳作，懂得节约粮食，珍惜一切资源；要学习和遵守中华传统饮食风俗习惯，结合二十四节气、传统节日、食药同源、中医养生常识等，家长和孩子一道，学会动手制作传统食品，在一餐一饭中吃出健康，培养动手能力，增进亲子感情，传播食育观念和中华饮食文化。

（三）健康习惯养成方面

让孩子多参与原始的运动。跑步、跳跃以及含有大量奔跑内容的游戏，属于原始运动。原始运动实际上是一种神经反应训练，它可以提高孩子的速度和力量，还可以提高身体的直线、侧向和多方向移动的灵活性，改善脑信号效率，提高身体反应的灵敏度。因此，家长可带领、陪同孩子多参与这类运动。

带孩子多参与各种训练项目。家长应创造条件，培养孩子的兴趣，让孩子至少学习一种体育技能，比如游泳、各种球类等，以体会体育项目带来的成就感和成长感。同时提高孩子的坚强、不怕吃苦等品质，提升孩子的心理健康水平。

带孩子去看现场的比赛。家长应有计划地带孩子去运动场体验比赛氛围，感受喜欢的运动员的状态。也可以先带孩子通过电视看运动员的竞赛项目，逐渐培养孩子对运动的需求和兴趣。

四、习惯养成注意事项

（一）小处着手

通过建立微小的习惯，完成简单易行的任务，容易被家长和孩子接受并坚持下去。可以遵循的原则：为日常生活制定若干能力所及的小目标，并确立相应的具体要求和奖励机制，逐渐培养个人的自律性和意志力，在执行的过程中充分体验成功的喜悦与个人的成长，不断强化自我的价值，从而持续有动力实现更大的目标。

（二）书写下来

在习惯建立的过程中，“写下来”这个动作非常关键。通过书写，我们能在头脑中对自己真正想要的东西进行具象化确认，才能梳理清楚各要素之间的关系，才会不自觉地模拟即将发生的场景并为之持续付出努力。

（三）做可视化的进展记录

当某件约定的事做好以后，可以让孩子及时在日历上作出标记，以示自己当下的进展。这会对孩子取得的阶段成就产生一个心理确认的功效，让孩子产生“我能行”的感受，由此提升孩子的自我效能感——这是真正让孩子坚持下去的内在动力。

（四）贵在坚持

人的大脑构筑一条新的神经通道需要一定的时间。所以，人的行为暗示，经过一段时间的重复，会形成初步的习惯，而 90 天以上的重复，会形成稳定的习惯。

好的习惯可以让孩子终身受益。精美源于细节，细节造就成功，“天下大事必作于细”，再伟大的成就都要从一点一滴的小事做起。现在就让我们行动起来，陪孩子从日常生活和学习中的小事做起，养成良好习惯，为人生发展打好基础吧。

第三章　遵循家庭教育规律

主题故事

遵循规律塑人格

万程程（化名），邢台一中2024届优秀毕业生。她一路成长，获得了很多荣誉：2018年6月荣获“我是讲书人”邢台赛区二等奖，2021年5月被评为“河北省三好学生”，2021年6月荣获“襄都区新时代好少年”荣誉称号，2022年5月荣获“邢台一中最美中学生”称号。

程程热爱文学，喜欢写作，两次荣获“我看牛城·百善骈臻”征文大赛学生组一等奖。2018年开设自己的公众号，目前已经发表原创文章二百余篇。程程利用课余时间与“樊登读书”合作，参与录制邢台广播电视台好书推荐节目。2022年12月，她做客樊登读书会，参加有关“《诗经》——回归，看见自己”的直播。2023年2月9日，她作为共青团员代表在万峰酒店参加座谈会，向团中央领导汇报团员青年的成长与发展情况。

在程程的成长过程中，妈妈遵循家庭教育的规律，随着程程的长大，不断转变角色来适应程程的变化。

在孩子小学阶段的性格形成期里，妈妈注重引导程程对学习的爱好，培养她良好的学习习惯。妈妈陪她读古诗，学习《幼学琼林》等古代启蒙读物，参加古装走秀，这些活动和做法有效激发了程程对于文学的热爱。程程五、六年级时，妈妈让她每天坚持录制唱古诗的视频，一方面是积累，一方面是坚持。不仅如此，妈妈还为程程准备了古装、簪环、团扇、宝剑等道具，并且请来姥姥陪程程一起录制古诗视频。“做事就要认真做”是程程妈妈坚持的信条。

《幼学琼林》是古代儿童的启蒙读物，对于当代人来说却佶屈聱牙，晦涩难懂。妈妈就陪着程程一起读，用生动的语言讲给程程听。母女二人时常相依对坐共看一本书，时而低眉思考，时而开怀大笑。《幼学琼林》《唐诗三百首》《浮生六记》……在一本又一本书中，在一行又一行的文字中，在妈妈一天又一天的陪伴中，程程成了一个热爱文学的人。兴趣是最好的老师，程程妈妈说：“要相信中华优秀传统文化的力量，要让中国优秀的文化渗透进孩子的生活，给予孩子滋养，从美育走向德育，从一个敏感的人成长为一个温良的人。”

在程程的成长过程中，妈妈遵循家庭教育的规律，随着程程的长大，不断转变角色来适应程程的变化。说起古装走秀，程程每次参加活动需要穿上厚厚的戏服，戴着沉重的首饰，眼上的假睫毛、双眼皮贴也让小时候的程程感觉很难受。中午简单吃一点饭，在舞台上一站就是一天。程程最难忘的一次记忆是坐在舞台上30分钟，一直保持微笑，下台后脸部肌肉都僵了。在这些活动中，妈妈全程陪同，参与并记录下程程成长的每个瞬间。陪伴，让妈妈与程程的心贴得更近了。程程累并快乐着，她观察其他人的走路仪态、眉目神情，并由此锻炼了自己的人际沟通等能力。在舞台上，她变得越来越自信，在众人面前的每一次表演，都显得神态自如。

小学六年级的程程参加讲书人大赛，自己独立写稿，与成年人同台竞技，以总分第二的成绩获得邢台赛区二等奖。然而程程小时候是一个很内向的孩子，上幼儿园时不敢举手回答问题，不敢参加园里组织的六一节目表演，上学后文化成绩和学习能力也并不突出。在6—12岁的人格形成时期，好的家庭教育塑造了程程善良、乐观、自信、充满正能量的性格。妈妈教给程程的第一个成语是“继往开来”，她希望程程能够成为一名守正创新的人，“以古人之规矩，开自己之生面”，在新时代奋楫笃行，履践致远。

在初中和高中阶段，根据老师的建议，程程需要阅读一些必读书目，如《红星照耀中国》《朝花夕拾》《钢铁是怎样炼成的》等等。面对如此大的阅读量，程程曾经产生过一些抵触情绪。在这个过程中，妈妈的陪伴和激励起到了很大的作用。母女一起阅读，妈妈用风趣幽默的讲解激发程程的兴趣，不仅促进她读了很多书，让她开阔了视野，丰富了知识，领略了文学的魅力，而且母女关系也越来越亲密，成了无话不谈的书友。二人共同徜徉在书籍的海洋中，感到无比幸福和快乐。

程程是一个喜静的孩子，总愿意窝在家里，小时候也不喜欢与人沟通。有时候家里来了亲戚朋友，程程就会大哭大闹，缠着爸爸妈妈。妈妈认为这样不好，觉得程程应该有爱的能力，爱世界，爱生活，爱他人。于是她特别注重培养孩子观察生活、热爱生活的能力，带着程程亲近大自然，与自然交流。程程和妈妈会在下雨天打着伞读毛主席诗词，铿锵有力的词句与穿林打叶声的结合，也是文学与自然的碰撞。妈妈还会带着程程在雨后的公园里寻找10种不同的花和叶子，观察露珠落在自然万物上的不同姿态。她尊重孩子，把孩子找到的花草小心翼翼地在椅子上摆好，绿叶配红椅，她从不同角度拍照片，留住世界的神秘和魅力。母女外出看到会心的景色时会在路边停下车，去欣赏翠绿色麦芒上顶着晶莹剔透的露珠，也会在外面吃饭时扛一根树枝回家，说是刷上白色丙漆可以当衣架。程程妈妈是一名小学美术老师，她说："在美术老师眼里，世界是由形状和颜色组成的。"于是，程程养成了细致观察的习惯，特别热爱生活，热爱世间万物。

程程成长得自信、阳光且乐观，跟妈妈对她的鼓励式教育分不开。在程程小时候，妈妈经常表扬、夸赞她。程程妈妈说："我小时候受到的是批评、打压式教育。当时我就想，我以后有了孩子，一定要在孩子做得好时，给予适当表扬。程程小时候很瘦，我告诉她，瘦是上镜的基础，你天生属于舞台；她小时候比较黑，我给她说，黑咱不怕，抹点粉就白了；程程生来腿上就带着一道胎记，形状像毛笔画的一道，我告诉她这是朱笔点的状元，你一定是文曲星转世……"在妈妈的鼓励式教育下，程程生活在轻松愉悦的家庭氛围中，一直都很相信自己，乐观开朗，成绩也越来越优秀。

到初、高中时期，学习压力陡然增大。妈妈成为程程的倾听者，母女互相分享喜乐，互相化解悲伤。直到现在，程程依然经常和妈妈一起聊天，二人总有说不完的话。程程高中住宿，与家人见面时间很少，但每天都会跟妈妈打电话。高三备考阶段，妈妈通过一个个电话给予程程前进的能量。妈妈告诉程程，要成为一个有希望、有理想、有信仰、有能力的人。程程学习上遇见挫折，方法不正确，妈妈告诉她：源泉混混，不舍昼夜，盈科而后进，放乎四海。意思是，那有根源的泉水不断地涌出来，日夜不停地流着，而且一定要填满路上的坑坎才向前流，一直流到大海里去。妈妈的话给了程程学习和生活方面的启发，让她懂得要持之以恒地努力、踏踏实实地向前。

妈妈曾对程程说："太阳强烈，水波温柔。我们来到这珍贵的人间，总要做点什么，才不枉此生。我喜欢充实的生活，你也是。"用心做事，成为程程和妈妈新的约定。程程与妈妈在各自的领域里奋斗，一起成长。妈妈说她喜欢和孩子共同努力的感觉，自己在努力做事，相信孩子也在另外一个地方拼搏。

程程的公众号里面的文章基本上都有她和妈妈共同创作的影子。她们在一起飞越群山，跃入人海，闯进生活的河流，丈量人生的旅途。程程始终保持着一颗敏锐而赤诚的心，记录着一个个珍贵而精彩的瞬间。在妈妈的陪伴下，程程感念着真情、陪伴，抖擞着赤诚、坦率，丰盈着爱与善、美。妈妈给程程构建了一座精神的花园，两岸晓烟杨柳绿，一园春雨杏花红。这就是爱的教育。

随着程程一天天长大，程程逐渐成为家庭的主心骨，可以成为妈妈的依靠，为妈妈排忧解难。妈妈从来没把程程当成孩子，她给予程程充分的尊重，把她当大人一样尊重她的想法，大胆让她尝试。妈妈是美术老师，每年需要筹划艺术节，时常询问程程的意见，程程提出“我们应该做大美术，让美术与语文、与科学、与品德等等联系起来。”孩子的想法和建议给妈妈的工作带来了启发。

在这个过程中，程程锻炼了自己的联想思维、发散思维、逆向思维等能力，并从妈妈身上学到了组织、策划的智慧，在班级的元旦联欢晚会、高考励志活动中，程程也成了一名优秀的组织者，带领同学共同努力，合力做好每一件事。

家庭教育就是这样潜移默化地进行着。若干年后，程程回忆起自己受到的教育，会想到温柔的笑容、优雅的气质、笃定的坚持、贴心的陪伴，而不是愤怒的面孔。程程妈妈认为，家庭教育是相互的，“我在教育她，她同样也是我的人生导师”。有一段时间，妈妈工作事务忙乱，和女儿打电话时程程说：“你忙得声音都不好听了。很多事不能抱怨，抱怨多了，喜欢做的事也不美了。”妈妈听了程程的话，如醍醐灌顶，马上改变了自己的思维方式。妈妈说：“要相信孩子的力量。”

程程妈妈是班级家委会的主任，校级家委会的副主任。孩子成长的每个瞬间，她从未缺席。程程妈妈组织了博物馆研学活动、“青春有梦，勇敢前行——高考倒计时200天助力活动”、“高中三载，破茧成蝶——高考励志活动”，不仅给程程的高中三年留下了美好的回忆，更给一中的学生和老师留下了珍贵而又难忘的纪念。

高考倒计时10天时，妈妈告诉程程："静能生慧，稳则功成。"程程妈妈化解了程程的学习压力，并给予程程无穷无尽的动力，使她能够保持住"云在青天水在瓶"的平和心态，在高考中取得了优异的成绩。

在妈妈的教育下，程程逐渐成长为一名优秀的时代新人。高中毕业后，程程连续12天发表《一中记》系列文章，一天一篇，记老师、宿管等等陪伴她度过高中三年的人与物，受到广泛关注。在《一中记·序》中，程程提笔写下："我想以《一中记》这样的作品，向我们的共产主义青年团，交上我的毕业答卷。"从程程身上，能够感受到她那坚定的理想信念、坚韧不拔的品格和超强的行动力，这些都得益于妈妈的培养，会陪伴程程走得更远。

在程程未来的生涯规划上，妈妈给予了她充分的自由。生涯规划不等于控制孩子，程程妈妈只是提供了一个合理的边界，让孩子在正确的框架下自由地生长。在正确的家庭教育下，程程养成了终身学习的习惯。她说："子贡倦于学，告仲尼曰：'愿有所息。'仲尼曰：'生无所息。'奋斗征程未有穷期，我希望自己始终保持空杯心态，能拥有生生不息的力量。"

祝福程程，愿她在未来的日子里，不惧江河常汹涌，莫怕山须翻万重，广阔天地，任她驰骋。

时常听到家长说，“怎么现在的孩子越来越难管理？”“现在的孩子太敏感太脆弱了，一点儿挫折都承受不了。”“想跟孩子多交流，可孩子跟我们没话说，可怎么办呢？”相信不少家长都遇到过类似的困惑，似乎随着孩子年龄的增长，家长们能为孩子做的事越来越少，在孩子出现某些问题时家长们也常感到束手无措。

的确，伴随着时代发展和社会进步，加上优秀传统文化教育的缺失，以及受西方文化的侵袭等因素影响，如今的孩子早已和过去不同，他们在思维方式、精神价值、生活习惯等方面出现了一些新的倾向和问题，让家长颇为头疼。面对这种情况，家长们需要了解新时代孩子的身心发展规律，保持成长型思维。家长通过持续地学习，既能够从习近平新时代中国特色社会主义思想和优秀传统文化中汲取智慧和营养，解决好为孩子固本、铸魂、打底色的根本性问题，又能够运用现代家庭教育理论和方法，解决好家庭教育中遇到的具体问题。如此，才能真正实现自我成长，在新时代的孩子心目中树立威信，引领孩子全面成长成才。

第一节　熟知孩子的身心发展规律

《家庭教育促进法》第五条明确规定："家庭教育应当符合以下要求：尊重未成年人身心发展规律和个性差异；尊重未成年人人格尊严，保护未成年人隐私权和个人信息，保障未成年人合法权益；遵循家庭教育特点，贯彻科学的家庭教育理念和方法；家庭教育、学校教育、社会教育紧密结合、协调一致；结合实际情况采取灵活多样的措施。"

尊重未成年人身心发展规律和个性差异，是家庭教育的第一要求。在我国，0—18 岁都是未成年人，每个阶段孩子的身体、心理发展是有规律可循的，但每个阶段孩子的发展规律又是不同的。家长要掌握孩子身心发展四个阶段的常识：

一、0—3 岁：安全感形成期

这是儿童身心发展最快的时期。儿童的身高和体重迅速增长，神经系统结构发展迅速；感知觉飞速发展；遵循由头至脚、由大动作至小动作的发展原则，逐步掌握人类行为的基本动作；语言能力迅速发展；表现出一定的交往倾向，乐于探索周围世界；对家长有强烈依赖感。

从出生几个月开始，进入秩序敏感期，是帮助儿童建立规则的重要时期，建立规则意识更有助于孩子形成安全感。这一阶段是孩子安全感形成的关键时期，缺失安全感的孩子身心发育会不健康，有的会影响大脑发育。这个阶段家长要多陪伴孩子，给孩子情感滋养，关注孩子成长中的每个反应，积极回应孩子的各种表现。例如孩子哭闹，家长一定要积极回应，如果家长漠视孩子，任孩子一直哭，装作听不见，不关心孩子为什么哭，孩子成长发展的积极性就被扼杀了，孩子会变得胆小、怯懦，长大后可能变得易怒、出现心理问题。这个阶段是孩子来到世上的初始阶段，家长要呵护好孩子纯真的天性，尽量为孩子提供一些可感知的美好的东西，如古典音乐、中外名曲、国学播放机、中国传统名画与世界名画、中国书法、中外著名建筑与自然风光图片、经典绘本等，让孩子多听、多看、多运动、多体验，并为孩子创设充分活动的空间与条件，带领孩子开展适当的运动游戏，增强孩子体质，丰富孩子感知经验，促进感官发展和语言表达等各方面能力的发展。同时，要给孩子提供抓握、把玩、涂鸦、拆卸等活动的机会、工具和材料，用多种形式发展孩子的小肌肉动作和大肌肉活动能力。

当前农村的家长外出打工的较多，很多在孩子出生后就由爷爷奶奶看管，这是不科学的。建议夫妻双方至少留一个在孩子身边。有的家长认为，我们不出去打工，没有钱花，孩子将来受不到好的教育。但家长一定要记住，孩子的成长是不可逆转的，一旦孩子出问题，挣再多的钱也是无用的。孩子的身体、心理发展都需要爸爸妈妈在身边，如果爸爸妈妈经常不在孩子身边，亲情的缺失会给孩子幼小的心灵埋下隐患，有的虽然当下显现不出来，随着孩子的长大，甚至在几十年后也会呈现。所以，一旦错过孩子成长的关键期，没有弥补机会。0—3 岁是源头，是根基，是孩子最需要家长的时候，家长一定要尽量把孩子带在身边。养育子女，切不可在其人生初期“偷工减料”。

二、3—6 岁：自我意识形成期

这是儿童身心快速发展的时期。儿童的身高和体重稳步增长，大脑、神经、动作技能等获得长足的进步；自我独立意识增强，开始表现出一定兴趣、爱好、脾气等个性倾向；初步具备自我情绪调节能力；愿意与同伴交往，乐于分享；学习能力开始发展，语言表达能力强；依恋家长，会产生分离焦虑；处于道德他律期，独立性、延迟满足能力、自信心都有所发展。

这一阶段孩子的语言、认知达到相当水平，对色彩、声音、图画等都很感兴趣，对身边看到的所有东西都充满好奇。家长要积极带领孩子通过一起外出游玩、观看影视文化作品等多种形式，了解有关家乡、祖国各地的风景名胜、著名建筑、独特物产等，感知家乡和祖国的美好；适时向孩子介绍国旗、国歌、国徽的含义，带领孩子观看升国旗、奏国歌等仪式，培育孩子对家乡和祖国的朴素情感。家长要有意识地培养孩子尊重长辈、关心同伴的美德；教会孩子交往，学会接纳差异，关注他人的感受。尤其是注意培养孩子的规则意识，增强社会适应性；要让孩子知道哪些事可以做，哪些事不能做。可以做的事情，父母可以默许或不表态；不可以做的事情，父母应该在第一时间制止孩子，坚决地说“不”，并告诉孩子为什么。同时，鼓励孩子做力所能及的事，学习和掌握基本的生活自理方法，参与简单的家务劳动，培养孩子的劳动观念、兴趣和技能。

这一阶段孩子的大脑发育特别快，好奇、好问，凡事都想弄明白，家长一定要积极回应孩子的问题，保护好孩子的求知欲。建议家长将《十万个为什么》《山海经》之类的书准备好，孩子对自然、社会、家庭、自我认识的问题都可以在书中找到答案。

三、6—12 岁：人格形成期

这一阶段孩子的生理发展处在相对平稳、均衡的时期，入学学习是他们生活中的一个重大转折。孩子的身高和体重加速发展；大脑仍在持续快速发展，以具体思维为主，逐步向抽象思维过渡；情绪总体稳定，偶有较大波动；个人气质更加明显；能逐步客观地进行自我评价，注重权威评价；社会交往能力增强，开始有较为稳定的同伴关系；学习能力逐步提高，学习策略逐步完善；自理能力增强。

家长要利用好孩子人格形成的这一关键时期，培养孩子朴素的爱国情感。要重视优秀传统文化的价值，让孩子了解家乡特色习俗和中华民族的共同习俗，过好中国传统节日和现代公共节日；开展家国情怀教育，多给孩子讲述仁人志士的故事、中华民族传统美德、国家发展的成就等；指导孩子说好中国话，写好中国字；初步了解优秀传统文化的内涵，培养孩子作为中华民族一员的归属感和自豪感。

家长要配合好学校老师，把培养孩子好的学习习惯、生活习惯、道德行为习惯和劳动习惯放到家庭教育第一位。比如，家长要注意孩子学习兴趣的培养，引导孩子形成按时独立完成任务、及时总结、不懂善问的习惯，学会自主学习；科学安排孩子的饮食，引导孩子形成健康的饮食习惯；培养孩子关注个人卫生和环境卫生，养成良好的卫生习惯；为孩子提供良好的学习环境，注意用眼卫生，控制耳机等娱乐性噪声接触，养成科学用眼、科学用耳的习惯；引导并督促孩子坚持开展体育锻炼，培养一两项能够终身受益的体育爱好，养成锻炼身体的习惯；坚持从细微处入手，善于利用日常生活场景，引导孩子养成生活自理的习惯和劳动习惯；坚持从大处着眼、从小事入手，及时抓住日常生活事件教育孩子孝敬长辈、尊敬老师、学会感恩、帮助他人，诚实为人、诚信做事，并结合身边的道德榜样和通俗易懂的道德故事，培养孩子良好的道德行为习惯。要让孩子真正感受到自己是家庭成员一分子，让孩子了解家庭收支状况，适度参与家庭财务预算，视家庭经济状况和孩子的年龄给适量的零用钱，引导孩子合理支配零用钱，形成正确的消费意识。

这一时期也是给孩子建立规则的巩固时期，家长要跟孩子商量着建立规则，然后大家一起遵守。例如，早睡早起，要求孩子晚上 10 点前洗漱，把第二天的学习物品、衣服等在上床睡觉前准备完毕。家长也要带头做好准备，及时进入休息状态，改正睡前刷手机的不良习惯。

四、12—18岁：孩子的青春期

这一时期孩子的身体、心理发生天翻地覆的变化，是孩子的第二次新生，会经历从成熟到成人的变化，也是孩子从依恋到独立的一个重要转型期。其中12—15岁为青春初期，儿童的生殖器官逐步发育，出现性冲动和性好奇；整体身体素质好；大脑发展迅速，抽象思维能力增强，记忆和观察水平不断提高；自尊心强，重视外表，建立自我同一性成为这个时期儿童最重要的任务；情绪波动大，敏感易怒，容易有挫折感，情感内隐；易和家长产生冲突；重视同伴交往及其评价，对父母的依恋减少；责任心增强，自我控制能力有明显发展。15—18岁进入青春中后期，此时的孩子在外貌上与成人接近，身体各器官逐步发育成熟，发育进入相对稳定期；认知结构的完整体系基本形成，抽象逻辑思维占据优势地位；情绪不稳定，情感内隐，易感到孤独；重视同性和异性的友谊，并可能萌发爱慕感情；自制力和意志力增强但不成熟；独立性强，有决断力；观察力、联想能力迅速发展。

在这一时期，家长一定要了解到孩子身体、心理产生的变化，重点关注孩子内心的需求是什么，不断调整教养方式，学会与孩子平等相处，理解孩子的自主愿望，保护孩子的隐私权；学会倾听孩子的意见和感受，学会尊重、欣赏、认同和分享孩子的想法；学会运用民主、宽容的语言和态度对待孩子，促进良性亲子沟通。尤其要关注孩子的心理健康，帮助孩子悦纳自我，鼓励孩子独立思考与理性表达；培养孩子应对挫折、适应环境的能力和坚毅品格；引导孩子以合理的方式宣泄情绪，积极调控心理，自主自助，预防和克服各种可能产生的青春期心理障碍。若是孩子在青春期出现敌对情绪，家长切记只表达自己的看法，不要用要求、命令、强制等方式，那样会激发孩子的青春冲动。对待孩子青春期的“叛逆”行为，家长要抱有积极的心态，因为大多数问题只是孩子成长过程中某种需要缺失产生的暂时性问题，在需要得到满足后，孩子就会继续良性成长。

面对青春期孩子的身体变化，家长要提前学习和了解青春期生理卫生知识，对孩子开展适时、适度的性教育，让孩子了解必要的青春期知识，认识并适应身体的生理变化；开展科学的性心理辅导，对孩子进行与异性交往的指导；加强对孩子的性道德教育，帮助孩子认识到对性健康和生殖健康应当采取负责任的态度和行为。同时，家长要加强法律知识学习，正确理解自由、平等、公正、法治的内在含义及其要求，成为孩子尊法、学法、守法、用法的榜样；掌握家庭法治教育的内容和方法，引导孩子树立权利与义务相统一的观念，养成尊法、守法的行为习惯，学会在法律和规则框架内实现个人的自由意志。另外，家长还要注意培养孩子的责任意识，通过召开家庭会议等形式，与孩子平等、开放地讨论家庭事务，共同分担家庭的责任和义务，培养孩子的家庭责任感；引导孩子建立社会责任感，正确处理个人与自我、与他人、与社会的关系，勇于承担责任。

这一阶段是引导孩子立志的最佳时期，孔子、王阳明、毛泽东、周恩来等中华民族的圣贤、伟人都是在这个年龄段立下人生的非凡志向，并终身为之奋斗，最终成就了利济天下的伟业，让后人永远敬仰。家长注意结合发生在家庭、学校和社会的事件开展价值观教育，培育孩子正确的思想观念和价值取向；通过孩子喜闻乐见的方式，讲好中国故事，用爱国主义激发孩子的梦想，引导孩子结合自己的现实和未来，自觉践行爱国、敬业、诚信、友善等价值准则；让孩子学习正确认识与分析问题，明辨是非。同时，家长要引导孩子树立国家意识，增强孩子的公民意识和社会责任感，关注社会发展，将个人理想与国家需要相结合，认识国家前途、命运与个人价值实现的统一关系，学会将个人理想与国家的发展、现实的奋斗相结合，并以此激发和增强孩子的学习动力。

青春期的孩子还有一个典型特点就是极度需要同伴交往，家长要鼓励和引导孩子学会交朋友，建立社交能力，同时要了解孩子的交往对象，是否跟积极、向上、价值观正确的同学在一起，包括异性交往。这个阶段，夫妻亲密关系一定要处理好，要同一条战线。夫妻关系越和谐，心平气和，孩子的情绪状态越平稳。

做一个形象的比喻，育儿的过程，给予孩子的自主空间多少，像漏斗。孩子越小，给予儿童的自主空间相对较小，家长给予的指导相对多，孩子的良好习惯和合理边界感逐渐形成；随着孩子的认知和能力越来越强，给予孩子尝试、自主、挑战和挖掘潜能的空间越来越大。否则，会随着孩子越来越大，各种问题层出不穷，成长失控状态，家长事倍功半，甚至无能为力。

第二节　了解新时代孩子的新特点

时代在进步，孩子们的成长环境同过去相比发生了巨大变化，新时代孩子的特点和需求自然与过去不同。做好家庭教育，家长的观念必须与时俱进，首先要从本质上把握新时代孩子的新特点。

一、情感需求强

过去一个家庭好几个孩子，家长不会将太多精力集中到某一个孩子身上，孩子大多处于自然生长的状态。而现在的孩子是什么样？二胎、三胎时代之前，正常情况下一个孩子从出生就被至少六个大人甚至更多人的爱重重包围，被精心呵护、被寄予厚望。多数孩子都希望成为优秀的自己来回报家人的爱，但是成绩拔尖只是少数孩子能达到的，这会给一些孩子带来“无以为报”的负罪感，产生焦虑情绪和情感负担。在二胎、三胎时代到来之后，过去集万千宠爱于一身的孩子突然开始面对“失去”，失去关注与耐心，成绩不好时又会失去家人的欣赏与肯定。这种失去让很多孩子产生了巨大的心理落差，变得敏感，同时产生更为强烈的情感需求，渴望得到理解与支持，渴望亲密的同伴关系。在情感负担重而情感需求又缺失时，孩子们很难轻装上阵。

二、学习压力大

家长能看到现在的孩子有空前的学业压力，这只是显性的。实际上孩子还面临着隐性压力——整天和焦虑高压人群在一起。这些人不是别人，正是孩子的老师和家长。在学校，老师会不停地强调考试和学习。回到家里，有些家长接棒继续施压强调考试和学习。长期拉锯导致一些心理能量弱的孩子不堪重负，长期处于紧绷状态。所以，新时代的孩子比过去的孩子更为敏感，加之从小被照顾有加，内心比较脆弱，隐性的压力使得孩子满脑子都是“只能赢不能输”，接受不了别人比自己更好，拼命地学习，达不到目标就会对自己产生怀疑、不认可，严重的会出现厌学甚至辍学现象。

三、表达需求高

新时代的孩子对话语权要求非常高。时代在变化，环境在变化，我们小时候经常会被教育“大人说话，小孩别插嘴”，我们认为这是天经地义的。现在的孩子直接跟家长对话。他们会认为：为什么你可以说话我不可以呢？现在的孩子要求平等地对话，而家长很少给孩子平等对话的机会，于是他们就会到网络或者其他能自由言论的地方去发泄。但沉迷网络又会带来孩子社交能力的缺失，所以家长一定要注意让孩子们在现实中有说话的机会，并着重培养孩子的表达能力和交往能力。

四、获取知识途径多

我们小时候把老师当作知识的化身，而网络时代的孩子见多识广，各种知识和信息可以非常便捷地在网络里获取，导致老师和家长的权威性大大减弱。在某些流行事物上，孩子往往比教育者更有见解。家长对孩子越来越不理解，逐渐“配不上”自己的孩子。所以家长要思考：为什么你的孩子越来越不愿意听你讲话？为什么你的孩子很少跟你讨论问题？一是因为家长不理解他们，二是家长不了解孩子当前所关注的问题，三是家长现有的知识储备已经不能满足他们的知识库了。

五、现实体验感弱

新时代的孩子现实体验感较弱。在有些家庭中，小到衣食住行，大到学校纠纷、生病住院，几乎什么事情都是家长一手包办。他们只需要负责好好学习，在一切生活事务上很少有自己管理和操作的机会。有的家长往往觉得只要孩子学习好，其他一切都不重要，这是非常错误的教育观念。单一的学习任务和分数评价只能导致孩子们逐渐失去对学习的兴趣，甚至产生厌学心理。缺乏现实感的孩子，常常会表现出对虚拟世界、网络游戏极其迷恋，这样才能找到自己真实的存在。这个时候家长强制性让孩子戒掉网络、远离虚拟世界，孩子会怎么做？当然是拼命反抗，因为你剥夺了他的情感体验。而这一切，很多家长全然不知。孩子不爱学习、成绩不好有太多的因素，重要的是，家长必须了解孩子内心的一些痛苦点和真实感受。

第三节　重视孩子的身心健康水平

近些年，青少年患焦虑症、抑郁症、厌学的数量明显增多，孩子休学在家、吃药，有的甚至两三年都上不了学，自残自伤甚至自杀的比例也呈上升趋势。据《人民日报》发布的《2022 年国民抑郁症蓝皮书》数据显示，中国患抑郁症人数超过 9500 万，30% 是 18 岁以下青少年，其中 50% 是在校学生。过去三年，《少年发声》作者陈瑜访谈了全国近 100 位青少年，结果发现，无论是学习成绩不理想，成绩处于中段，还是成绩优秀的孩子都不开心。由此可见，青少年的心理健康问题亟待解决。

一、家长要了解心理健康的含义

世界卫生组织给健康下的定义为：“健康不仅是没有疾病或衰弱，而是生理、心理和社会适应性处于完好的状态。” 近几年人们越来越认识到，良好的心理健康状态也是非常重要的。2023 年 4 月，教育部等 17 部门印发《全面加强和改进新时代学生心理健康工作专项行动计划（2023—2025 年）》，将加强学生心理健康工作上升到国家战略高度。因此，作为家长必须了解这一社会现实，与时俱进，学习心理健康知识，要将孩子的心理健康和身体健康放在同等重要的位置。

心理健康状况是一个动态变化的过程。当人际关系协调、状态平衡稳定时，就处在心理健康的状态；当遇到挫折、困扰，暂时产生消极情绪时，就处在心理亚健康状态。亚健康也属于心理健康的范畴，但如果长时间不注意调整和疏解，让消极的情绪转化为积极的情绪，就会产生身心疾病，最终发展成为心理障碍，影响正常的学习和生活，这就属于心理异常了。

二、孩子出现心理问题的原因

任何心理障碍和心理问题都不是突然出现的。很多心理问题一开始都是潜在的，往往容易忽视。比如，家长通常只看到孩子的行为表现，却看不到背后的情绪和精神因素，把孩子的问题简单定性为不爱学习、青春期叛逆或者意志力薄弱。例如，曾经有一名学生初中时名列前茅，很有自信，可当他考入一所重点高中后，考试成绩一次不如一次，接连的打击让他一直生活在痛苦中，变得非常自卑。家长没有关注到孩子的心理变化，还一直要求他努力学习，不断施压，结果这个孩子一年后不能上学了，医院诊断为抑郁症。如果家长能及时察觉孩子的心理感受和现实困难，并给予有效的关注和引导，比如降低过高的期望值，让他看到其他同学的优点，相互学习，相互激励，允许别人超过自己，很多心理问题都可以避免。

孩子出现心理问题，往往源于认知的偏颇或内心某些需要的缺失，比如以自我为中心而忽视了社会是由众人组成的，大家应该相互包容、接纳，才能和谐相处。很多家长认为孩子处于学习阶段，只要专心学习就好了，忽略对孩子道德品质、身体素质、生活技能、行为习惯等方面能力的培养，自然也忽视了孩子在人际交往、情绪情感、兴趣爱好、未来理想等方面的内心需要。当孩子失去家长的理解、尊重与支持后，是很难具备积极向上的成长动力的。其实，没有不上进的孩子，但他们确实会遇到困难，尤其在生活和交往方面，家长往往认为除了学习其他的都是小事不用在意，可对于孩子们来说，跟朋友闹矛盾、受委屈、被议论等，都是他们非常在意也很需要有人理解和帮助的成长课题。

三、家长要多维度关注孩子的发展

家长要谨记：除了问成绩，问还有哪些未完成的作业和不会做的题，也要问问孩子一天在学校有没有遇到不开心的事？和小伙伴相处得怎么样？有没有遇到除学习以外不会的成长课题呢？静下心想想，除了考试题，生活中的同伴交友题、遇到困难时的抗挫题、被小朋友嘲笑议论时的自信自尊题、遇到困难除了逃避还能怎样的应对题，孩子们都会做吗？家长们要相信，只有当我们开始多维度地去关注和培养孩子，从多维度来评价孩子，孩子们身上的闪光点才会越来越多地呈现，而这些闪光点才是支持孩子自尊自信、不断成长的根本。

第四节　掌握孩子的科学学习规律

孩子学习成绩不理想，究竟是哪里出了问题？“太马虎”“不努力”还是“太笨了”？读题丢三落四、看错字、每个字都会念就是不知道什么意思、到了三年级就遭遇学习“滑铁卢”……近些年，很多中小学生都暴露出来不能自主自律学习的诸多共性问题，引起了家长的担忧。这到底为什么？又如何解决呢？

清华大学心理学系学习科学实验室执行主任宋少卫经过二十多年的研究发现，究其根源，学生的学习问题是由其学习系统的漏洞导致的。因此，宋老师提出了“积极学习系统”理论。家长若想真正解决孩子的学习问题，需要掌握科学的学习规律。

一、“马虎”问题没那么简单

如果要给孩子做题出错的原因搞个排行榜，“马虎”一定名列前茅。但马虎并不是看上去那么简单，它有很多种类型和表现：学生出现漏看、错看题目信息等错误的，属于信息识别偏差型马虎；不能准确地对比、判断的，属于逻辑加工偏差型马虎；在某个特定的知识点、知识板块上反复出错的，属于知识漏洞与程序缺失型马虎。除此之外，有些学生在分析错题时总是满不在乎，常常用“不小心”“疏忽了”为自己开脱，与不努力、能力不足相比，好像承认马虎反倒让他感觉更轻松。对这类学生的马虎类型定义为“价值观偏差型马虎”。由此可见，家长面对孩子的学习问题，首先要学会科学辨别才能提供有效帮助，其次要帮助孩子建立一套积极的学习系统。那么，什么是积极的学习系统？如何帮孩子创建一个积极健康的学习系统呢？

二、积极学习系统的内涵

积极的学习系统包含五个模块，分别是：信息识别与驱动、语义解析、逻辑加工、价值决策和程序定制。在信息识别与驱动这个模块，如果孩子总是粗心马虎，尤其在小学，就要培养孩子读题的意识。研究发现，学霸在对关键信息的审题上，会多次确认。因此对于常把题目看错的孩子，要教会他审题，而不是刷题。建立正确的读题方式，比做题更重要。在语义解析这个模块，现在的题目五花八门，出题人会结合各种现实场景设计题目。比如，有一年北京中考物理考到了抽水马桶的题，很多学生没研究过，现想思路会不清晰。开阔眼界对今天的孩子来说非常重要，是提高语义解析的必由之路。此外，要结合已知条件，思考为什么给这个已知条件？谁和谁组合在一起可以用某个公式？这是语义解析最后要完成的结果，在理解这道题的基础上，思考这道题用什么公式、原理，然后把已知和原理组合起来，送给下一步，逻辑架构。在逻辑加工这个模块，很多孩子的逻辑成了解难题的卡点，光靠做题很难提升，一定要通过逻辑的专业训练和一些课程教具结合起来进行训练。弄清文科的逻辑通用什么、理科的逻辑通用什么，再解题的时候，每一道题都可以“庖丁解牛”了。在价值决策模块，学习的过程是三合一劳动：第一是体力劳动，第二是脑力劳动，第三是情绪劳动。如果孩子情绪不好，大脑的记忆、思维都会出现问题，有很多东西他会选择性地排斥。好的情绪怎么来？家长要陪着孩子一起欢笑，要跟孩子一起去争胜负，把自己的认知降到跟孩子一样的水平，两个人相互竞争，你赢我输的，他就会觉得这个成年人是身边最好的伙伴。有时给孩子讲题，家长觉得讲得很清楚，但是最后孩子只记得妈妈太凶、太讨厌了，这就叫作情绪记忆，孩子会把他感受到的情绪带得更为深远一些，超过了你给他讲题的内容。积极情绪才可以让孩子有特别好的学习动机和持续的学习动力。在程序定制模块，一个孩子从小学到高中，要形成成百上千个程序，这些程序有计算的、阅读的、做推理分析的。程序定制一定不是靠背下来的，家长要真正教会孩子在原有程序上升级和迭代。

总之，学习是一件极其科学的事情，学霸绝不是靠背题、刷题成功的。家长们要了解一些基本原理，孩子出问题时能耐心地一起坐下来，看看孩子是信息识别出问题了，是基本的语义理解有问题，是逻辑推理有问题，还是缺少正规的程序，或是心理、情绪出现了问题，要把讲到的这些方法和原理，结合生活运用起来。

第五节　做好孩子的生涯规划指导

一、您的孩子有梦想吗

如果询问身边的孩子："你有什么梦想？""你的理想是什么？"很多孩子会一脸茫然，答不出来。而且，越大的孩子越不知道怎么回答。幼儿园和小学阶段的学生，大部分还能说出"科学家""音乐家""医生""老师"这样的职业理想。到了初中以上呢？能非常肯定地说出未来理想的孩子越来越少。尤其是很多高中生，在拿到高考分数后对于大学及专业的选择非常迷茫，对于未来职业发展更是毫无思考和规划。在填报志愿时，孩子自己没主意，很多时候家长会选择不浪费分数，尽可能上个好一点的大学。但那个好一点的大学就容易替代成为家长们的梦想，也许并不符合孩子本身的兴趣和特长。

二、生涯规划不等于控制孩子

给孩子做生涯规划时，家长要让孩子主动地把控自己的人生，也就是说，孩子要成为的一定是他自己，而非家长心中的"我希望"。只有发现孩子的爱好、天赋与兴趣，让孩子愿意成为他自己，才可以真正发掘其内在潜力。如果家长过于焦虑或控制，就容易在引导孩子的过程中走偏，要么以自己的喜好定义孩子的未来，要么唯分数论，压制孩子的兴趣爱好，用单一的标准来评价孩子的成败。如果是这样，家长不但没有做到助力，反而经常以自己的标准破坏着孩子的发展动力。

三、如何做好生涯规划

生涯规划对每一个孩子都很重要。

幼儿到小学阶段，是生涯启动阶段。这个阶段的孩子对外面的世界充满了好奇。相信这个阶段的很多家长会发现，自己的孩子简直是十万个为什么。家长重点要做的，是创设满足孩子好奇心的环境，消除可能的危险因素，依据孩子的兴趣提供各种实践材料和工具，放手让孩子去探索。在这个过程中，就能发现孩子的兴趣和天赋。比如，有的孩子喜欢写写画画，有的孩子听到有节律的音乐就会随之舞动，有的孩子喜欢观察蚂蚁，趴在地上半天一动不动。这个阶段家长最容易出现一个错误的做法就是打扰孩子：哎呀，太脏了，太危险了……其实，这时候家长最恰当的做法就是耐心陪伴、不打扰，让孩子尽情地探索。至于孩子未来是否朝着音乐、绘画、生物等方向发展，并不需要在此时下一个定论。

初中、高中是生涯探索阶段。家长要引导孩子了解生涯规划的概念，深入探索自己的兴趣、性格、优势能力和价值追求，对多种职业，起码对家族内亲属的职业有所了解。初步确立将来事业发展的方向，慎重选择专业和大学，其中专业比学校的选择更重要。

大学及以后是生涯安置阶段。这一阶段的任务就是发展与工作有关的专业知识和技能，引导孩子对感兴趣的职业或行业进行深入了解和实践体验，选择或初定自己的职业方向。总之，在作生涯规划时要掌握一个总的原则：选自己终身感兴趣的领域，选自己的优势领域，选国家最需要的领域。只有把这三者有机地结合在一起，才能成为一个好的生涯规划。

家长要主动学习探索孩子兴趣、性格的方法，创造机会让孩子的兴趣、爱好和特长在现实生活中得到实践和锻炼，并尽早对大学院校和专业知识进行了解，对这个时代的发展和社会需求有清晰的认识，真正引领孩子更好地融入未来世界。

第四章　掌握家庭教育方法

主题故事

智慧教养助成长

薛小冲（化名）是一个典型的令人羡慕的“邻居家的男孩儿”，现在高中在读。

小学期间的小冲每年获得校级三好学生，2017 年被评为“邢台市桥东区优秀少先队员”，2018 年获“希望杯全国数学邀请赛·小学总决赛五年级个人赛三等奖”并授予铜牌、“第九届世界数学团体锦标赛儿童组个人赛优秀奖”，并在跆拳道、游泳、吉他、围棋等方面也取得了不俗的成绩。初中阶段，他在 2019 年被评为“邢台市优秀少先队员”，2020 年获“北外阅读之星河北地区初中T组二等奖”，2022 年中考取得理综满分、文综满分以及总分邢台市第三名的好成绩。进入高中，他在德智体美劳各方面的表现都让人称羡。

大家想不想知道，家长用什么方法培养出了如此优秀的孩子呢？

小冲出生在一个普通的大家庭，爷爷、奶奶、爸爸、妈妈、小冲和双胞胎妹妹，最重要的是，这个家庭非常注重家庭教育。正是科学的家庭教育方法助力他成长为一个诚实守信、团结互助、勤奋好学、勇往直前的好孩子。

明确目标引领孩子成长。孩子的成长之路充满了无限可能，优秀孩子的养成并非一蹴而就，需要家长的科学引导和精心培养。小冲并非天生聪明的孩子，在他成长的过程中，爸爸妈妈首先引导他树立明确的目标意识。尤其是做工程师的爸爸，在给孩子做好榜样的同时，经常根据小冲的具体情况，和他一起制定分层目标并逐步实施。刚入初中时，小冲成绩并不理想，也出现了压力大、缺乏信心的情况。爸爸看在眼里，及时组织家庭会议。在轻松愉快的氛围中交流，孩子说出了自己学习中的苦恼。全家人一起分析原因，肯定孩子的能力，并确定了循序渐进的学习目标：初一进入年级前100名，初二进入年级前50名，初三进入年级前30名。在父母引领和激励下，明确方向的小冲最终在初三邢台市一模考试中完成了所有既定目标。

以身作则引领孩子成长。小冲父母深知，家长是孩子的第一任老师，自身的言行举止会对孩子产生深远的影响。因此，他们在孩子面前一直保持积极向上、勤奋努力的精神风貌，注重示范效应，用行动代替说教。妈妈的口头禅是："说都是问题，做才有办法。"把"给我冲"变为"一起冲"。在小冲进入初三的关键一年，父母都自觉地卸掉抖音，关闭头条，进入书房拿起工作中用到的专业书籍，静下心来认真学习。他们家中的场景经常是这样的：小冲在书桌前学习文化知识，爸爸妈妈在书房学习专业知识，每个人都沉浸在自己的学业里，徜徉在知识的海洋中。家庭中这种轻松、安静、共学的温馨场景，给了小冲心灵的滋养。

优质陪伴引领孩子成长。初三一模考试结束后进入强化冲刺阶段，每天都面对大量的试题和测验。小冲感到了前所未有的压力，同时父母的神经绷得也很紧。对于一个家庭来说，此时最容易产生焦虑情绪和家庭矛盾。在这个时候，孩子会希望父母都在身边做自己强大的后盾。恰恰在这时，爸爸接到上级指派的紧急任务，需要立即出发奔赴隆尧县，投入方舱医院的规划建设中去。在建设工地，参建人员轮流倒班工作，一天只能睡三四个小时，任务非常繁重。但是爸爸时刻记着支持孩子，总是抽休息机会跟小冲通个亲情电话。爸爸说：“在关键时刻，我们父子都在接受人生的一场考验。对于爸爸来说，是要在规定的时间内保质保量完成建设任务，为隆尧县和邢台地区防疫工作提供保障；对于你来说，是人生中第一次直面竞争挑战，男孩只有经历磨难才能化茧成蝶，蜕变成男子汉。儿子，不要为爸爸不能陪在你身边而沮丧，爸爸是和你在不同的地点、相同的时间一起并肩战斗。让我们拉个钩，相约一起迎接挑战，一起取得胜利！”有了爸爸大爱格局的引领，小冲的信心更足了。

尊重、信任引领孩子成长。小冲的爸爸妈妈注重观察并了解孩子的兴趣和特长，听取孩子的想法和意见。小冲上小学时，父母想培养他的综合素质又不知道选什么兴趣班好，经过商量，他们决定把选择权交给孩子。于是，他们带着小冲一家一家地去了解，上体验课，和老师沟通。随后，小冲满怀兴致地先后选报了跆拳道、咏春拳、游泳、吉他、英语、奥数等课程。每次去上课，都是他主动催家长赶快走，别迟到了。兴趣是最好的老师，但是想成功，只喜欢是远远不够的，更要肯吃苦能坚持。他4岁开始学习跆拳道，风雨无阻，一级一级考，一带一带换，直到考取黑带。8岁学习游泳，从一开始只会一种基本泳姿——蛙泳，到后来他学会了仰泳、蝶泳、自由泳等所有的泳姿，再到后来他可以和市里集训队常训班一起进行锻炼。进入初中后，小冲觉得学习任务重，假期里曾一度不想继续游了。妈妈说，游泳需要坚持、耐心和毅力，我相信你一定能做好。爸爸更是以身作则，陪着孩子一起游泳，让小冲感受到支持与鼓励。进入初三后，小冲每天仍能抽出固定的时间跑步，既锻炼了身体，又能减压和放松。强健的身体支撑他顺利完成了初中繁重的学习任务。

冷静、沉稳引领孩子成长。孩子成长中遇到困难时更需要父母的引导和鼓励。在小冲五年级的时候，家里迎来了他的双胞胎妹妹。过去家中只有小冲一个孩子，这时一下子添了两口人，大人们忙得黑白都颠倒了，不自觉地就疏忽了薛小冲。爷爷发现小冲近一段时间总是关着门拿着手机在屋里充值打游戏，有个把月的时间沉迷其中，这可把父母紧张得不轻。众所周知，沉迷游戏，是对一个未成年人造成负面影响的重大事情之一。可对抗游戏沉迷是个艰难的过程，小冲的父母在这件事上可是费了心劲儿，找了大量的事实资料，挑出有代表性的案例，耐住性子反复地给小冲讲利害关系。父母对小冲推心置腹地交流、劝导，同时用陪伴学习来填充孩子的时间，给予孩子关爱，帮他重拾信心。最终，他们用两个多月的时间把孩子从游戏中拉了回来。

他们到底用了什么具体方法呢？我们一起来看看。

小冲的爸爸妈妈看到孩子对游戏上瘾这个事实，虽然很着急，但并没有采取打骂、断网断电、没收手机、时刻监督等简单粗暴的方式，他们说：“如果这样做，我们倒是解气痛快了，但对孩子是一种伤害，他不但不接受，反而会和我们对抗，破坏了融洽的亲子关系，得不偿失。”他们认真反思小冲沉迷网络的原因，一是因为有了两个妹妹，家人把关注点都放在照顾妹妹们身上，他经常被忽略。二是随着小冲渐渐长大，行为有了自主权，好奇心增强，他从玩一些简单的小游戏到建立线上“部落”，挑战大型游戏，闯关买装备，武装游戏战队。游戏中的小冲感受到了在家庭中缺失的归属感，有了掌控感、满足感和成就感，同时他也在游戏中释放压力，发泄着自己的不满。

找到原因，爸爸妈妈认识到，这里有家长的责任，在孩子小的时候没有培养好他良好的自控力、自主学习能力和心理调节能力。于是，他们和小冲进行了心灵的对话。妈妈说：“我们最近只忙着工作和照顾妹妹们，对你少了很多关心，总觉得你长大了，不用说那么多了，现在看来是我们忽视你了，你也是爸爸妈妈的好孩子，我们都爱你。”听着爸爸妈妈真诚的话语，小冲终于说出了心里话：“我有了两个妹妹也挺高兴，但你们每天忙得不可开交，没时间和我说话。无聊的时候我就玩游戏，玩着玩着就上瘾了，管不住自己了。”平等坦诚的沟通让彼此的心贴近了。爸爸好奇地问小冲：“你都玩什么游戏呢？那么入迷，还充值？给我们讲讲呗。”看爸爸这么想知道，小冲就打开了话匣子，眉飞色舞、绘声绘色地讲起来。爸爸妈妈认真地听，还不时插话询问，仿佛又回到了以前其乐融融的亲子时光。这次交流，让小冲感到爸爸妈妈对自己更理解和信任了。

后来很多时候，妈妈等妹妹睡着了，就抽时间和小冲说会话。爸爸也会抽时间和他一起建立了家庭“战队”。有一次，小冲问爸爸：“你们怎么和其他家长不一样呢？不但不说我，还和我一起玩儿？”爸爸说：“游戏也分很多类，有的游戏可以锻炼反应力、应变力、合作力等等，还是减压、放松的好方法。但不能上瘾，上瘾了就会耽误很多正事，关键在于不要让游戏控制住自己，你说是吧？”小冲频频点头，接着爸爸妈妈和小冲商定了如何使用手机和玩游戏的时间，有意识地培养小冲的自控力和自我管理能力，还约定好，如果做到了，就给予奖励或庆祝。小冲开心地说：“放心吧，我一定能做到！”

爸爸妈妈在引导小冲自我管理的同时，还帮助他加强和现实生活的连接。闲暇时间，他们带着小冲和他的好朋友走出家门，参加丰富多彩的活动，爬山、游泳、做小志愿者等，增加同伴友谊以及和外界交流的机会。同时提升小冲的责任感，多鼓励、支持和赏识他的努力，看见他取得的点滴进步。充分的陪伴让小冲感受到极大的心理支持，他变得开朗自信起来。爸爸那时候每天都对小冲说一句：“加油往前追吧，我对你有信心。”两个多月后，小冲回归正常生活，不但摆脱了网瘾，而且在学习上有了大幅提升。

品德教育引领孩子成长。小冲的父母把品德教育放在家庭教育的首位，把爱国敬业、诚实守信、关爱他人等良好的道德品质作为家风来传承。在这一点上，小冲的父母不是空洞地说教，而是创造机会让小冲尽量多地接触社会。比如，父母经常带着小冲去逛早市，让小冲观察和体会小商贩的经营过程和为生计奔波的辛劳与不易，学会尊重他人的劳动成果，理解他人的生活状态。通过一次一次的早市经历，逐渐培养了小冲勤劳、尊重、理解、感恩和珍惜的优秀品质。在学习中，小冲和初中的同学们建立了良好的伙伴关系，大家相互学习，共同提高，互相成就。正确的价值观，促进了孩子的健康成长。中考结束后，小冲说：“和鲤鱼跃龙门比起来，初中三年同学们一起一次次跳跃的过程更重要。我要对学校、老师和同学常怀感恩之心，珍惜曾经拥有的一切。”

爸爸说：“十年树木，百年树人。家长和孩子是一个整体，家庭教育是一场修行。孩子的成长，需要家长根据家庭实际情况和孩子的年龄特点，与孩子共同制定适合的家规，让孩子明确行为准则，比如诚实守信，刻苦用功，热爱劳动；自己的事情自己做，并持之以恒；遇事冷静不慌张，想办法解决；做错事要道歉，勇于承担责任；不惧怕失败，不轻言放弃；等等。这些规矩和品德，有利于孩子将来走向社会后的良性发展。我的父母当年就是这样教育我的，至今让我受益匪浅，如今我又将这些用在我的孩子身上，仍然非常管用。”

在孩子的成长过程中，家长的影响是深远的。家庭是人生的第一个课堂，父母是孩子的第一任老师。父母们聚在一起，说的更多的是孩子的管理和学习。有的说，“孩子刚上初一就不听话，太难管了！”有的说，“儿子已经半个月没和我说话了。”有的说，“现在竞争这么激烈，考不上大学可怎么办呀？”紧皱的眉头，担忧的神情，无奈的叹息，似乎自己的孩子随时都会被甩在后面，“内卷”成了谈论的高频词。时代不同，环境不同，孩子也不同。作为家长，如果只看到问题，就会被问题困住，导致心情烦躁，乱了方寸，找不到方向。但如果以积极的心态面对，掌握教育孩子的智慧方法，就会达到事半功倍的效果。

在与家长的广泛接触中，我们发现掌握家庭教育的具体方法，是广大家长现实而又迫切的需求。鉴于此，本章将详细阐述家庭教育中重要的五大方法，以帮助家长建立起更加和谐亲密的亲子关系，助力孩子健康成长。

第一节　进行有效的沟通

常常听到很多父母感叹和孩子难以沟通，感觉自己用尽了力，为孩子操碎了心，亲子关系却还是不太融洽。可见亲子沟通在家庭教育中多么重要。

一、亲子沟通的重要性

亲子沟通是父母与子女之间通过语言、表情、动作等方式交流信息、情感、想法的过程。良好的亲子沟通具有重要意义，主要体现在以下几个方面：

（一）理解孩子的内心世界

亲子沟通的首要目的是理解孩子的内心世界。孩子在成长过程中会遇到各种困惑和挑战，他们需要一个倾诉的对象。家长应当耐心倾听，站在孩子的角度去理解他们的感受，这样才能给予他们恰当的支持和关爱。

（二）塑造孩子的人格与价值观

通过亲子沟通，家长要引导孩子形成健康的人格和价值观。在与孩子的交流中，家长可以通过我国不同时代的典籍，利用仁人志士的故事，向孩子传授如诚实、善良、勇敢等品质，帮助孩子建立正确的道德观念。同时，家长还可以通过沟通了解孩子的兴趣和特长，鼓励孩子发展个性，培养他们的自信心。

（三）增进亲子感情

有效的亲子沟通能够增进亲子之间的感情。当家长和孩子分享彼此的喜怒哀乐时，他们会感受到家庭的温暖和凝聚力。这种亲密的关系有助于孩子在遇到困难时愿意寻求家长的支持，也有助于家长在教育孩子时更加得心应手。

（四）提高孩子的社交能力

亲子沟通能帮助孩子提高社交能力。在亲子沟通的过程中，孩子可以学会如何表达自己的观点，如何倾听他人的意见，以及如何与他人协商解决问题。这些技能在孩子未来的社交生活中将发挥重要作用。

二、掌握亲子沟通的方法

良好的亲子沟通能让家庭气氛更和谐，教育子女也变得更轻松。家长可以这样做：

（一）要认真“倾听”，不要严肃“说教”

和孩子沟通最忌讳的就是说教，居高临下的权威感会让孩子关闭心门。父母平常多和孩子聊聊天，多听孩子说他感兴趣的事情，对探讨的话题保持好奇心，多询问、少评论，多说“你”少说“我”，这样就很容易让话题持续下去。

（二）了解情况，问“小”不问“大”

孩子和成人不一样，他们很难理解抽象的问题，也很难回答非常理性的问题。因此，家长想要了解孩子在学校的情况，要尽量避开“抽象”“大范围”的问题。如“你今天在学校做了什么？”等问题，孩子很难回答，或是只会简单回答“还好”“没做什么”，这样会让沟通很难进行下去。家长不妨改问一些很简单、一定有答案的问题，从细节开始问。比如，“今天在学校有什么有趣的事发生？”“上了哪些课？”“跟谁玩儿得比较开心？”就可以让孩子有话可说，并愉快交谈下去。

（三）沟通，从别人的事谈起

从“别人”谈起是一个很好的沟通方法。比如，孩子会告诉你班上哪个同学跑得最快，哪个同学说了什么，哪个同学看什么课外书了，和哪个同学探讨什么话题了，等等。这样，在沟通过程中，家长就能借机了解孩子的想法和做法，了解孩子不在我们身边时是用什么样的身心状态为人处世。

（四）沟通不要“否定”，只要“同理”

很多家长和孩子沟通，常常喜欢否定孩子的感受。比如，当孩子说“学习太无聊”的时候，家长很容易回应“学习多好啊！可以让你学到很多东西”。只要这么一说，这个话题就聊不下去了。因为孩子表达无聊的背后，可能是遇到困难了，需要帮助，但家长会觉得孩子不爱学习了，这可不行，必须纠正。让孩子感受到了不被理解和认同，后面的话自然就咽回去了。比较好的回应方式是：“你感到学习很无聊，可以告诉我是什么让你觉得很无聊吗？”保持中立的语调，感受孩子的感受，往往可以让你知道孩子更多的想法，了解他的需求，进而帮助他解决困难。父母多站在孩子的立场去考虑事情，有助于进入孩子的内心世界，让彼此之间更贴近。多使用温柔、建议的语气，沟通的气氛才会好，孩子也更愿意说出自己的心事。

（五）沟通时适当使用肢体语言

适当的肢体语言会让孩子觉得父母重视他、愿意和他沟通。父母要尽量以平行的目光注视孩子，如果孩子还小，那就蹲下来；如果是个大孩子，那就拉着他的手坐下来。孩子对于家长的肢体语言很敏感，如果父母一边跟孩子谈话一边敷衍，或是眼睛一边盯着手机一边听他说话，都不是鼓励孩子好好和你聊天的方式。在和孩子说话时，家长一定要用关心的眼神注视着孩子，面带微笑，随时注意孩子的表情、行为，适时给予其辅导与协助，会让孩子有更多被重视的感受。亲密的肢体接触，如握握手、摸摸头、搂搂肩、拍拍背等，会增进亲子关系，在沟通时产生意想不到的效果。

三、创设良好的沟通环境

亲子良好的沟通环境包括以下几个方面：

（一）营造轻松愉快的氛围

家庭氛围对亲子沟通具有重要影响。家长应努力营造一种轻松、愉快、平等的家庭氛围，适时组织一些家庭活动，增进亲子间的互动与了解，让孩子愿意主动与家长分享心事。家长也应虚心听取孩子的建议，及时调整自己的沟通方式和方法。

（二）避免过度干涉和施压

家长要给予孩子足够的自由空间，要相信孩子有能力自己解决问题，鼓励他们勇敢面对挑战。过度干涉和施压会让孩子产生逆反心理，进而影响亲子关系。家长也要反思自己的教育观念和行为是否存在问题，要敢于面对和承认自己的不足，及时调整沟通策略和方法，以更好地促进孩子的成长和发展。

（三）建立良好的沟通习惯

家长要定期与孩子沟通，及时了解孩子的近况和需求。可以在每天固定的时间，如餐后或睡前，与孩子进行简短的交流。此外，家长也要以身作则，不断学习，提升自己的沟通能力，成为孩子沟通的榜样。

亲子沟通对于孩子健康成长、家庭氛围和谐至关重要，与孩子有效沟通理应成为每位家长的必备技能。家长要通过不断提高自己的沟通能力，与孩子建立紧密的亲子关系，为孩子的人生发展奠定坚实基础。

第二节　尊重孩子的差异

每个孩子都是一个独特的个体，他们拥有自己的性格、兴趣、天赋和梦想。然而很多时候，父母往往忽视了这一点，他们试图将孩子塑造成自己期望的样子，而不是孩子本来的样子。因此，家长承认并尊重孩子的差异显得尤为重要。

一、尊重孩子差异的重要性

每个孩子都是独一无二的，尊重孩子的差异性，是给予他们自由发展空间和实现个人梦想的基础，其重要性表现在以下三个方面：

（一）有助于家长建立更亲密的亲子关系

当孩子感到被接纳和理解时，他们更愿意与家长分享自己的想法和感受。这种开放的沟通方式有助于家长更好地了解孩子，从而为孩子提供针对性的指导和支持。

（二）有助于家长培养孩子的自信心和独立性

当家长鼓励孩子按照自己的节奏和方式去发展时，孩子会非常自信地去探索世界，去体验新的事物。这种自信不仅有助于孩子在学术上的成功，还会影响他们的人际关系和心理健康。

（三）有助于家长激发孩子的创造力和创新精神

每个孩子都有自己独特的天赋和兴趣，当家长尊重并鼓励孩子追求自己的热爱时，孩子更有可能展现自己的潜能，取得更大的成就。

二、发现孩子的独特优势

每个孩子来到这世上都有其生命的意义和价值、人生的使命和追求。我们要相信，每个孩子身上都有一种能够影响世界的重要潜能，只是表现在不同的方面而已。美国著名发展心理学家、哈佛大学教授霍华德·加德纳博士于20世纪80年代提出了多元智能理论，该理论已经广泛应用于欧美国家和亚洲许多国家的幼儿教育上，并且获得了极大的成功。加德纳博士指出，人类的智能是多元化而非单一的，主要有八方面的能力，分别表现为：

1. 语言智能：听说读写能力强。

2. 数理逻辑智能：数学较好，逻辑思维能力强。

3. 人际交往智能：特别善于理解、关心他人，擅长交际。

4. 自我认知智能：认识管理自己，自我反思力、约束力强。

5. 音乐智能：对韵律、音调、律动等敏感，审美能力强。

6. 空间智能：想象力、方向感强，拼图、画画、设计能力强。

7. 自然观察智能：善于观察大自然，识图、辨别能力强。

8. 身体运动智能：动作能力强，非常灵活。

在这八个方面的能力中，每个孩子的优势能力是不一样的，每种能力的掌握程度也不同。家长要观察自己孩子的优势智能有哪几种，然后因材施教去培养，这样孩子就会顺利、健康地成长。

三、根据孩子的特点进行教育

只有深入了解孩子，结合孩子的特点进行教育，才能真正培养出适应社会、具有个性、全面发展的鲜活生命。

（一）肯定和支持孩子的独特性

家长爱孩子，就要更深入地了解孩子的兴趣、才能和学习方式。通过开放性问题鼓励孩子自我表达，了解他们的观点和感受。做孩子的健康照护者、情感陪伴者、价值引领者、兴趣支持者，帮助孩子找到一条更开阔的道路。

（二）制订个性化教育计划并付诸实践

每个孩子的成长过程都有一个属于自己的精彩世界。孩子就像一粒种子，他的未来和潜能都蕴藏在种子的基因里。就像一颗橡树的种子不会长成小草，一株玫瑰的种子不会盛开出牡丹一样，如果我们用一种方式去浇灌，用一样的标准去修剪，那孩子就不会长成他本来的样子。所以，家长的教育要从关注孩子、相信孩子、欣赏孩子开始，用我们的慧眼去认识和发现孩子的独特性，根据孩子的特点制订个性化教育计划，并运用灵活的教育方式来满足他们的成长需求，促进孩子优势和才能的展示和发展。

（三）给孩子创造多元的体验机会

如果给孩子体验的机会少了，孩子的表现会是局部的、片面的，家长得到的感性经验就是不完整的，很容易对孩子造成误判。所以，家长要给孩子创造多元的体验机会，拥有了充分的体验，孩子表现出的特点就能够得到强化，让优秀变得更优秀，让个性变得更独特。一旦发现孩子某一方面的兴趣和优势，家长就要在正确的方向上提供超出孩子预期的资源和机会，辅以合适的教育，让孩子在这个方面的发展形成明显的优势。

（四）要加强家校合作

孩子的差异性在不同的情景与场合中会有所不同，家长要有意识地和学校保持密切合作，以了解孩子在不同情景中表现的稳定性，也能在教师的专业引领下对孩子的差异形成的原因有更科学的认知，从而形成家校共育方案，合力促进孩子的个性化发展。

作为家长，承认并尊重孩子的差异，因材施教，对于孩子的成长具有重要意义。家校之间要形成合力，为每个孩子创造一个充满关爱、尊重和理解的环境，帮助孩子们在各自擅长的领域茁壮成长，让他们自由地绽放光彩。

第三节　学会肯定和鼓励

孩子不仅需要物质支持，还需要心理上的支持。肯定、鼓励，是孩子成长过程中不可或缺的精神食粮，它可以帮助孩子增强自信和勇气，激发孩子的潜能，让他们更加乐观、积极，更有勇气克服困难和挑战，实现自我发展和成长。

一、肯定、鼓励的重要性

孩子出生以后，各种感知能力及创造能力一直在不断发展。他们总是试图根据自己的想象和感受、触摸去发现周围的世界，并从中寻找乐趣。如果他们的行为受到压制或得不到及时的引导和鼓励，孩子的创造力也就无从培养，积极的心态也将受到影响。孩子需要鼓励，就如植物需要浇水一样。离开鼓励，孩子就不能生存，可见鼓励的作用对教育孩子有多么重要。每一次称赞和鼓励，都是对孩子自信心和自尊心的一次浇灌。自信中最重要的一点是一个人对自我的评价，而这个自我的评价更多取决于别人对我们的评价。

我们很容易就能记住那些称赞我们的人和他们说的话，

而家长的称赞和鼓励其实就是一种爱的传递，这种爱带给孩子直接的感受就是安全感，一份充足的爱和安全感是保持孩子身心健康的前提。有人曾对一组世界级运动员进行了调查，要求他们说出早期对他们的成功影响最大的是什么。95% 的被调查者回答："是父母的支持和鼓励。"在现实生活中，有些家长知道应该肯定、鼓励孩子，但不得法；还有些家长不重视这点，他们更关心的是发现孩子的错误、应对孩子的不"规范"行为，如何把学习搞好。这种纠错思维和学习至上观，会极大地影响孩子的全面健康、和谐发展。

二、肯定、鼓励孩子的方法

鼓励是一门艺术。正确、有效地表达对孩子的肯定和鼓励，时常考验着很多家长的智慧。鼓励，简单说就是鼓舞精神使之振作，勉励行为使之进步的意思。鼓励要结合实际，有的放矢，言语中肯，家长可以这样做：

（一）鼓励要具体明确，不夸大

鼓励孩子时，要具体明确地指出其优点和进步。例如，家长可以说："你今天画的画色彩搭配得真漂亮！"或者"你这次数学考试进步很大，卷面整洁了，错题减少了很多！"而不是用"你真棒！""你真是个好孩子！"这样笼统夸大的语言。具体明确的鼓励，会让孩子清楚地知道自己的优点在哪里，从而更有动力继续努力。

（二）鼓励要发自内心，不敷衍

肯定和鼓励不仅仅是通过言语表达，更需要真诚地倾听孩子的想法和感受，让孩子感受到家长对他的欣赏。家长要练就一双慧眼，既看见孩子的外在行为，更要看到孩子的内在感受，当孩子与你分享他的心事时，要给予足够的关注和理解，让孩子感受到被尊重和重视，内心充满温暖和力量。

（三）鼓励要重视过程，不功利

家长要重视孩子的努力过程。当孩子遇到困难时，鼓励他们想办法坚持下去，告诉他们要相信自己有能力克服这个困难。让孩子感受到无论结果如何，他们的努力和付出都是有价值的。

（四）鼓励要把握时机，不急躁

鼓励孩子需要把握好恰当的时机，如果孩子面对巨大困难或挑战时，家长就不适合一味鼓励孩子向前冲，不要让孩子觉得家长的鼓励是一种负担。相反，要静下心来，站在孩子的立场和他一起面对困难、分析现状、理清思路、思考对策，在鼓励的过程中给孩子一些建议和面对困难的方法，增强勇气和信心。

三、表扬和鼓励的区别

表扬和鼓励在肯定孩子的行为和成果时，具有不同的侧重点和效果。

（一）表扬

表扬通常是对孩子具体行为或成果的赞美和认可，强调的是孩子所取得的成就、所展现出的优点或特质，主要是对孩子能力、技能或表现的正面评价。例如，当孩子在考试中取得好成绩时，家长可能会说：“你真聪明，考得这么好！”这种表扬强调的是孩子的能力。

然而，过度或不恰当的表扬可能带来一些负面影响。如果孩子经常听到对自己能力或天赋的过度赞美，他们可能会过于依赖外部的认可，而忽视了自己的努力和成长过程。此外，过度表扬可能导致孩子在面对挑战时产生焦虑或压力，因为他们会担心自己无法达到别人的期望。

（二）鼓励

鼓励则更注重激发孩子的内在动力和积极性，让他们愿意尝试、努力并取得进步。鼓励强调的是过程而非结果，是对孩子努力、尝试和进步的肯定。它注重的是孩子的努力、勇气和坚持等品质，而非仅仅关注成果。例如，当孩子尝试学习一项新技能时，家长可能会说：“我看到你真的很努力，每次都在进步，我相信你可以做得更好！”这种鼓励让孩子关注自己的进步和努力，培养的是他们的自主性和自我激励能力。

鼓励有助于孩子建立积极的心态和自信心，让他们更愿意面对挑战并尝试新事物。通过鼓励，家长可以帮助孩子培养坚韧不拔的品质和解决问题的能力，让他们在未来的生活中更加独立和自信。

表扬和鼓励在肯定孩子的行为时各有侧重，但二者并不相斥。在实际教育中，可以结合使用表扬和鼓励，以达到既肯定孩子的成就，又激发他们的内在动力的效果。同时，要把握适度、真诚和关注个体差异等原则，确保表扬和鼓励的方式符合孩子的实际需求和个性特点。

教育的艺术不在于传授本领，而在于激励、唤醒和鼓舞，这才是鼓励的真谛！

第四节　实施高效的陪伴

陪伴，看似简单却蕴含深意。在亲子关系中，陪伴并不仅仅意味着和孩子待在一起，更是一种情感的交流、心灵的沟通、精神的滋养和技术的支持。

一、高效陪伴的重要性

现实生活中，很多父母由于各种原因，出现了“陪而不伴”“假陪假伴”甚至“不陪不伴”的现象，不利于孩子健康发展。我们倡导父母对孩子进行高质量陪伴，这是一种有意识的、积极的、互动性的陪伴方式，强调在有限的时间内通过有效的沟通和互动，增进亲子关系，提升孩子的情感、认知、社交等多方面的发展。在当今快节奏的社会中，高效陪伴显得尤为重要。

（一）有利于建立紧密的亲子关系

通过与孩子进行有意义的互动，父母能够更好地了解孩子的需求、兴趣和想法，从而加深彼此之间的信任和理解。这种紧密的亲子关系有助于孩子在成长过程中形成积极健康的心理状态，增强其自尊心和自信心。

（二）有助于提升孩子的认知能力

父母的陪伴和引导可以帮助孩子开阔视野，了解更多的知识和信息。通过与孩子一起阅读、讨论、探索等活动，可以激发孩子的好奇心和求知欲，培养其独立思考和解决问题的能力。

（三）有利于提升孩子的社交能力

在陪伴过程中，父母可以引导孩子学习如何与人相处、合作和分享等社交技能。通过与同龄人或家庭成员的互动，孩子可以逐渐学会尊重他人、倾听他人意见、表达自己的观点等重要的社交技巧。

（四）有助于提升家庭教育的效果

父母通过与孩子的互动，可以及时发现孩子的优点和不足，从而有针对性地给予引导和帮助。同时，高效陪伴也可以让父母更加了解孩子的成长过程和心理状态，为家庭教育提供更加全面和准确的依据。

二、高效陪伴孩子的方法

父母高效陪伴孩子，不能成为一句口号，而要落实到行动上，让孩子感受到家庭的温度。下面的方法，可以在实践中运用起来。

（一）制订陪伴计划

为了实现高效陪伴，父母需要制订一个合理的陪伴计划，根据孩子的年龄、性格特点和兴趣爱好，安排适合的亲子活动。例如，可以每周安排一次户外运动、一次亲子阅读、一次手工制作等。通过多样化的活动，丰富孩子的生活体验，增进亲子之间的感情。

（二）全情投入

在陪伴孩子的过程中，父母要做到全情投入，尽量避免分心。例如，在陪孩子尤其年龄较小的孩子玩耍时，不要一边看手机一边敷衍孩子。要真诚地关注孩子的表现和需求，及时给予回应，通过全情投入让孩子能真正感受到父母的关爱和尊重。

（三）倾听与理解

高效陪伴要求父母善于倾听和理解孩子。当孩子遇到困难或者情绪波动时，父母要耐心倾听他们的诉说，理解他们的感受和需求。通过倾听和理解，建立起良好的亲子沟通基础，帮助孩子建立安全感和信任感。

（四）鼓励与引导

在陪伴过程中，父母要适时给予孩子恰当的鼓励和引导。当孩子取得进步时，及时表扬和肯定；当孩子遇到困难时，积极地帮助和鼓励。这样能够帮孩子建立自信心，提高解决问题的能力。

（五）共度亲子时光

高效陪伴还意味着要创造有趣的亲子时光。父母可以结合孩子的兴趣爱好，一起参与有趣的活动，如亲子游戏、观看电影、共同烹饪等。这些活动不仅可以增进亲子之间的感情，还能让孩子在轻松愉快的氛围中学习成长。

三、高效陪伴时的注意事项

父母在陪伴孩子时，很容易出现不耐烦、看不惯、想代替等现象，以下几点需要特别注意：

（一）避免过度干涉

在陪伴孩子的过程中，父母要尊重孩子的独立性和自主性，给孩子一定的自主权，避免过度干涉他们的行为和决策。要相信孩子有能力自己解决问题和面对挑战，给予他们足够的自由和空间，让他们去探索和成长。

（二）保持耐心和宽容

陪伴孩子需要耐心和宽容。当孩子犯错或者表现不佳时，父母要保持冷静和理智，用温和的态度引导他们改正错误和取得进步。同时，也要尊重孩子的个性和差异，尊重他们的独特性和选择。

（三）关注孩子的心理需求

在陪伴过程中，父母要关注孩子的心理健康状况，及时发现和解决孩子在成长过程中可能遇到的心理困惑，如焦虑、抑郁等。可以通过与孩子的交流、观察他们的行为变化等方式来了解他们的心理状况，并提供必要的支持和帮助。

（四）以身作则树立榜样

家长是孩子最重要的榜样。在陪伴过程中，家长应以身作则，展示出积极向上的生活态度和行为习惯。通过自身的言行举止来影响和教育孩子，帮助他们树立正确的价值观、人生观和世界观。

高效陪伴在孩子的成长过程中具有不可替代的重要作

用。家长必须充分认识到高效陪伴的重要性，并积极地投入与孩子的互动中，给孩子创造一个充满爱和支持的环境，为孩子的全面发展和幸福成长筑牢地基。

第五节　开展合理的批评

在孩子的成长过程中，犯错误是正常的事情，家长批评孩子是有必要的，因为批评也是教育的一种方式。

一、合理批评孩子的重要性

孩子是成长中的人，需要不断地纠偏和完善，对孩子的错误进行合理批评是教育的一部分，需要引起家长的重视。

（一）批评是教育的一部分

批评作为教育的一种方式，是家长帮助孩子认识错误、引导其改正行为的重要手段。它像风雨一样，虽然有时会让孩子感到不适，却是成长的必需。

（二）批评不等于责备

批评不等于责备，不是对孩子的人格进行攻击。责备可能会让孩子产生自卑感，而合理的批评则是帮助孩子从错误中学习，激发孩子的自我反思和自我修正能力，这是他们自我发展的重要组成部分。

（三）批评有助于培养孩子的责任感

通过合理的批评，家长可以让孩子明白他们的行为对自己和他人产生的影响，从而培养他们的责任感。当孩子意识到对自己的行为需要承担后果时，他们会主动改正错误，更有勇气承担，而不是推卸责任。

二、合理批评孩子的方法

家长批评孩子应避免情绪化，切忌盲目性、片面性和极端性，应在理解和尊重的基础上进行，以达到理想的教育效果。

（一）内容要具体

在批评孩子时，要具体指出孩子的错误行为，而不是对孩子进行笼统的否定。这样，孩子才能清楚地知道自己错在哪里，从而有针对性地改正。

（二）方式要公正

家长在批评孩子时要做到公正无私，不要因为自己的情绪而夸大或缩小孩子的错误。同时，我们也要尊重孩子，不要在公共场合或其他人在场的情况下进行批评，以保护孩子的自尊心。

（三）把握要适时适度

适时适度的批评能发挥强大的教育效果。过早或过晚的批评可能会让孩子感到困惑或无法接受。同样，过度或过轻的批评也可能无法达到预期的教育目标。因此，家长需要根据孩子的年龄、性格和具体情况，灵活掌握批评的时机和力度。

（四）要伴随引导和鼓励

家长在批评孩子的同时，也要给予孩子足够的鼓励和支持，要让孩子知道，即使他犯了错误，家长也依然爱他，依然相信他有能力改正错误，并且在过程中得到成长和进步。这样的引导和鼓励可以激发孩子的自信心和积极性，让孩子更有动力去做好自己。

（五）要反观自己以身作则

作为家长或教育者，我们的一言一行都会对孩子产生深远的影响。因此，我们在批评孩子的同时，也要反思自己的行为，看看是否有同样的错误。如果家长自己都不能做到，那么我们的批评就会显得苍白无力，无法让孩子信服。

三、合理批评须掌握的原则

合理批评必须掌握的原则主要有以下几条：

（一）保持冷静和理智

在批评孩子之前，家长需要先冷静下来，确保自己的情绪不会影响到批评的公正性和有效性。同时，家长也要保持理智，避免在情绪失控的情况下过度批评孩子。

（二）倾听孩子的解释

在批评孩子之前，家长需要先倾听孩子的解释。这不仅可以让我们更全面地了解事情的经过，还可以让孩子感到被尊重和理解。认真倾听孩子的解释，家长可以更好地判断孩子的错误行为的动机，从而更客观、恰当地进行批评。

（三）使用积极的语言

在批评孩子时，家长要尽量使用积极的语言，避免使用负面或攻击性的词汇。例如，我们可以说“我注意到你没有完成作业，但我相信你有能力完成它”，而不是说“你总是这么懒惰，从来不完成作业”。积极的语言可以让孩子更容易接受批评，并激发他们的改正动力。

（四）给予改正的机会

在批评孩子之后，我们要给予孩子改正错误的机会。这可以让孩子感到被信任和支持，同时也可以让他们在实践中学习和成长。如果孩子没有机会改正错误，那么他们可能会感到无助和沮丧，从而对批评产生抵触情绪。

（五）及时跟进和反馈

在批评孩子之后，家长要及时跟进孩子的改正情况，并给予积极的反馈和鼓励。这可以让孩子感到自己的努力得到了认可和重视，从而更加有动力去改正错误并取得进步。同时，也要关注孩子的情绪变化，确保他们能够积极面对批评并借机得到成长。

以上五种教育方法，需要家长认真学习，重视掌握，并加以合理运用。我们相信，只要方法得当，就一定会取得良好的家庭教育效果。

第五章　做好孩子的榜样

主题故事

榜样的力量

他就是邢台市第七中学2021级13班的张嘉齐（化名），勤奋好学、乐于助人、积极进取。他是老师眼中得力的小助手，同学们学习的好榜样。

张嘉齐在小学一直是班长，连年获得三好学生、美德少年、博雅之星、优秀班干部、学习之星等称号。上了初中后他更是勤奋努力，踏实肯干，获得了“邢台市优秀少先队员”的殊荣，并光荣地加入了中国共青团。

你的心中有没有产生疑惑，这个男孩怎么会成长得如此优秀呢？下面我们来了解张嘉齐和她妈妈的生活故事。

我们来看看张嘉齐眼中的妈妈——

张嘉齐说，妈妈是我的第一个老师，十五年来，她为培养我付出了许多心血，但我从未听她说过一句怨言……从她的一言一行中，我读懂了爱的真谛，明白了无私奉献的真理，学会了做人的准则。是妈妈教会我如何为人处世，是她的言传身教教育了我。妈妈是我心中真正的榜样！

故事一：妈妈是孝敬长辈的好榜样

我的姥爷今年82岁高龄了，平日里有点像个老小孩儿，想做什么就要赶紧做，否则就一直催促。妈妈对姥爷可谓百依百顺，孝顺至极，从来不跟姥爷着急。前两天姥爷想要理发，妈妈二话不说立刻放下手中的活计，拿起理发器就去给姥爷理发了。看着我不理解的眼神，妈妈说，老人岁数大了爱心急，不能等，孝顺孝顺，顺着就是孝敬啊。妈妈还开玩笑地说，希望她老的时候，我能像她对待姥爷一样对她。我心里默想，我会的。

故事二：妈妈是乐于助人的好榜样

有一次，我和妈妈在楼道里碰见一位邻居老大爷拎着一袋面粉，正艰难地一个台阶一个台阶地向上挪。妈妈见此情况不由分说，上前接过面粉袋子，帮他扛到了四楼家里。大爷跟在后面连连说着感谢的话，妈妈笑着回应："不用谢，远亲不如近邻嘛！"我为自己有这样一个乐于助人的妈妈感到骄傲，这大概就是我们家邻里关系搞得好的秘诀吧。

故事三：妈妈是爱岗敬业的好榜样

我的妈妈是一名教师。疫情期间，我们都在家上网课。妈妈除了上课之外，还要随时接听学生的电话，解答学生提出的各种各样的疑问。有时我们正在吃饭，妈妈一听到电话响就立即放下碗筷去解难答疑了。只见她对着电话耐心地一遍又一遍地给学生讲解，饭菜凉了也顾不上吃。讲完后还不放心，再拍一个解答过程的小视频给学生发过去，直到学生完全明白为止。怪不得妈妈的学生都说她是个爱岗敬业的好老师！看到妈妈如此专注自己的工作，我有什么理由不专注学习呢？

故事四：妈妈是勤俭节约的好榜样

在一次家庭聚餐后，我们正要起身走，妈妈对我说：“去前台拿几个袋子，把剩余的菜打包。”我嫌麻烦，看着所剩无几的饭菜说：“算了吧，没多少了。”可妈妈不同意，执意要打包带走。回家后妈妈看我对打包的事还有小情绪，就拉着我的手语重心长地说：“孩子，现在我们国家还有两千多万人吃不起饭，咱们可不能浪费粮食啊！”她还给我看了山区孩子吃饭都还很困难的视频，让我很震惊，真没想到还有那么贫穷的地方。再看看我们享用的丰盛的饭菜，想想刚才自己的行为，我感到非常羞愧，我发誓从此以后不会再浪费一粒粮食了。

故事五：妈妈是情绪稳定的好榜样

有一次，我和妈妈一起骑车。我俩一前一后正往前骑着，这时有一辆电动车从我的左后侧突然超过我向右转，妈妈见状在后面大声喊道：“赶紧刹车！”我反应不及，我的自行车前轮还是擦到了电动车的后轮，侧倒在路上，很危险。惊魂未定的我非常生气，就要上前跟那人理论。可妈妈却说：“算了吧，没有酿成大事故，以后多加注意。”那个人也意识到了自己的错误，不好意思地说了声“对不起”，之后我们双方各自走开。事后我设想，如果当时我气呼呼地与那人理论，车子都停在路中央，各不相让、争执不休的话，堵塞交通不说，还会耽误大家的时间，破坏了一天的好情绪。幸亏我有一个情绪稳定的妈妈，让这件不愉快的事情很快就过去了。

故事六：妈妈是因材施教的好榜样

我有一个小我9岁的弟弟，妈妈对我们俩的教育目标和要求一致。尽管我们出生在同一个家庭里，但是我们的性格截然不同。我比较随和，而弟弟个性突出，脾气急躁，任性自我。在这种差异下，妈妈对弟弟的要求和对我的要求是一样的。家长不下班，我们不能上桌吃饭，要等家人到齐一起吃，不挑食，不剩饭；自己的房间自己收拾，自己的事情自己完成。妈妈总是细心观察我们的特点，思考与摸索与我们的沟通模式。弟弟从小常常犯错，一有不如意就大发脾气，这时无论妈妈安静等待，还是给他温暖拥抱，都无济于事。于是，妈妈就以坚定的、十分严肃的表情，以高一倍的音量，迅速镇住弟弟失控的状态，让他快速冷静下来。然后，再与他分析为什么发脾气，怎样处理才能解决问题，最后达成共识，让弟弟形成习惯模式。对于弟弟这种坏脾气的校正，妈妈并没有像媒体讲的那样一味地尊重孩子的个性、耐心等待、温柔以对等，而是以“霹雳手段”既严厉又迅速地止住弟弟的任性表现。

故事七：妈妈是处理问题的好榜样

孩子们大概都愿意玩手机，可是我没有手机。于是，有一段时间我经常半夜偷拿姥爷的手机玩，没想到有一次被妈妈发现了。这可算得上是在我家发生的“一件大事”。记得当时妈妈得知我背着她疯狂玩手机已经不是第一次时十分震惊，因为一直让她引以为傲的“我家孩子从不玩手机”突然变成了一句假话。那一刻，我看到失望的泪水从妈妈的脸颊滑过。平静了一会儿后，妈妈对我说：“把你对玩手机这件事情的想法写出来给我。”于是，我在一张纸上写道：“同学们都有自己的手机，我为什么不可以有？”“同学们都有玩手机的时间，妈妈为什么一点时间都不给我？”“同学们在谈论手机游戏时，我一句嘴也插不上，我感觉好孤单。”第二天，妈妈把我叫到她身边坐下，开口竟然是：“妈妈同意你玩手机。”我顿时瞪大了眼睛，疑惑地看着妈妈。妈妈接着说：“很欣慰你能跟妈妈说出你的心里话，以前我也有做得不好的地方，只关注你的学习成绩，没有给你缓解压力的时间，所以我决定每天准许你玩一会儿手机，玩手机的时间和时长由你来定。”可能是有了突然被人理解的感觉，听了妈妈的话，我有点想哭，当下向妈妈保证：“我一定会在作业完成的情况下再动手机，并且不会超过 20 分钟。”妈妈向我投来信任的目光，点点头表示同意。

妈妈的理解让我变得更加自律。我既然向妈妈做了保证，就一定要遵守约定。每天短时间玩手机，既缓解了学习压力，又不会成瘾。妈妈在处理这件事上的平心静气，让我切身感受到了妈妈对我的理解与尊重。这件事情过后，我与妈妈的关系更亲切、更融洽了。

故事八：妈妈是善于沟通的好榜样

刚上初一时，我自信满满、踌躇满志地踏进了初中的校门。因为我小学时每次考试各科目都是满分或者接近满分，名次从来不出前五。可是到初中后第一次月考就迎来了当头一棒，考到了年级五十名开外——第六十四名。

这件事让我的心理落差极大，心情极其低落，饭吃不了几口就离开，还坐在书桌前发呆。看到我这个状态，妈妈找了个合适时间和我好好聊了一次。我当时感觉很委屈：“我好好学了呀，不知道为什么考成这样，我好像不太适应初中的学习，是不是以后就这样了，我该怎么办？”

妈妈首先肯定了我努力学习的态度，然后提醒我学习方法是不是需要调整，给我讲每天很忙并不等同于能学好，初中和小学相比科目增加了许多，知识宽度和深度都加大了许多，如果完全沿用小学的学习方法就不能够很好地掌握初中所有的知识。做完习题后，一定要留有反思的时间，理清当天所学知识的清单和脉络，每天不断添加新知识和复习旧知识，只有这样才能把大量的知识穿成串理解透。另外还要注意细节，细节决定成败。我点点头。妈妈接着说：“天外有天，山外有山，能在初中遇到比自己更优秀的同学是很好的事情，你可以向更优秀的同学学习，让自己变得更加优秀，不要气馁，勇往直前！”听了妈妈的这番话，此时的我心中又点亮了自信之光。

妈妈的故事还在不断地上演。这些生活中看似平凡的小事对张嘉齐的成长有着深远的影响。这就是榜样的力量！

看了张嘉齐和他妈妈的故事，相信你已经找到张嘉齐成长为优秀少年的秘诀了吧，那就是好的家庭教育——榜样的力量！

如果孩子的所作是果，那么妈妈的所为就是因。孩子就像一张白纸，他们最初的世界里并没有太大区别，也没有善恶，他们会通过大人的一言一行去感受和模仿。正如托尔斯泰所说："全部教育或者千分之九百九十九的教育都能归结到榜样上。"

榜样是一种力量，彰显进步；榜样是一面旗帜，鼓舞斗志；榜样是一座灯塔，指引方向。有好榜样的家庭就能培养出好孩子！

家庭是孩子的第一个课堂，父母是孩子的第一个老师。家长要时时处处给孩子做榜样，用正确行动、正确思想、正确方法教育引导孩子。

《论语·子路》篇中“其身正，不令而行；其身不正，虽令不从”这句话强调了“正人先正己”的道理，虽说当时是针对从政者而言，但在家庭教育中依然适用。

有研究结果显示，出生8小时的新生儿会模仿成年人吐舌头、张嘴，再大些会模仿拍手、摇头、挥手等动作。孩子最初的本领都是通过模仿而获得的，特别是9岁以前的孩子，模仿是他们最主要的学习方式。这种学习方式有助于孩子掌握新的技能，并适应周围的环境。例如，当孩子看到家长与他人主动打招呼问“您好”时，他的小脑袋里就呈现出与人交往应有的样子；当孩子看到家长将垃圾随手扔在地上时，他就会认为垃圾可以在任何地方存在。因此，我们希望孩子成为什么样的人，就应该为孩子做个什么样的榜样。本章重点从修身、学习、诚信、生活、处世五个方面进行探讨。

第一节　做好修身的榜样

有史以来，在家尽孝、为国尽忠就是中华民族的优良传统。《大学》云："身修而后家齐，家齐而后国治。"修身是为人的根本，也是家庭建设的根基。家长要重视陶冶身心，涵养德行，从国家层面做一个忠于党、忠于祖国、忠于人民、忠于事业的人，从家庭层面做一个孝敬父母、尊敬长辈的人，力争做到忠孝两全。这样的人就是一个有利于社会、有利于家庭、有利于自身的品德高尚的人。

一、做热爱祖国的人

《中华人民共和国爱国主义教育法》指出：未成年人的父母或者其他监护人应当把热爱祖国融入家庭教育。爱国就是对祖国有深厚的情感，是每个人的责任和义务。作为家长，我们要做爱国的好榜样。

（一）热爱中国文化，坚定文化自信

我们可以通过阅读国家的历史、文学、艺术、国学经典等方面的书籍，参观博物馆、文化馆等场馆，游历祖国壮美河山和保护历史文化遗产等方式，增加对中华优秀传统文化、革命文化、社会主义先进文化的了解和尊重，增强对中华民族悠久历史和灿烂文化的自豪感。

（二）遵守法律法规，维护社会秩序

我们要自觉做遵纪守法的好公民，遇到违法乱纪的事

情主动向有关部门反映。我们要自觉维护社会秩序，从小事做起，从身边事做起。如在公共场所保持安静，不影响他人；孩子的行为影响他人时要及时制止并主动道歉；自觉排队，不加塞儿，不抢占等。

（三）尊重国家象征和标志

我们要熟悉国旗、国徽、国歌这些国家标志的深刻含义，在不同场合讲给孩子听。国庆节、春节等重大节日可以在家里悬挂小国旗，营造节日气氛，表达爱国之情。遇到升国旗的场合，如体育比赛颁奖时，要主动面向国旗肃立，跟唱国歌，感受作为中国人的自豪。遇到有损国家标志的行为，主动制止，同时向有关部门反映。

（四）立志报效祖国

我们要学习为国家做出突出贡献的英雄楷模的先进事迹，讲给孩子听。引导孩子了解国家的发展和进步离不开每个人的努力，从小培养他们的责任感和使命感。要旗帜鲜明地告诉孩子，一定要学好本领，长大后为实现中国特色社会主义现代化贡献力量。

二、做爱岗敬业的人

我们要把自己从事的工作同国家的发展结合起来，将职业做成事业，在辛勤劳动中为国家创造更多财富，在为人民服务中实现自己的人生价值。作为家长，我们对待工作的态度和从事工作的行为也会影响孩子未来职业的选择和发展，自身要做爱岗敬业的好榜样。

（一）树立积极的工作态度

家长要树立积极的工作态度，珍惜工作机会，把职业提升到事业的高度。对工作有热情、有激情，尽职尽责地完成每一项工作，脚踏实地把平凡的工作做好。我们这种认真面对工作的态度和持之以恒的工作精神，不仅会对孩子的学习产生良好的影响，也会为他以后的工作乃至一生给予引领力量。

（二）提升卓越的工作能力

不断学习新的知识和技能，尤其是与所从事的领域有关的知识，是提高工作能力的有效途径。“纸上得来终觉浅，绝知此事要躬行”，家长要及时把所学知识运用于工作实践，在解决问题中提升自己。并且注重与团队的沟通与协作，以持续提高的工作能力来适应不断变化的职场要求。同时善于总结工作经验，勤于反思工作教训，在履职尽责中实现自己的人生价值。

（三）分享真实的工作感受

有的家长在孩子面前总抱怨工作的苦和累，艰与难，想以此来教育孩子好好学习，长大后有个更好的工作，不用像家长那么辛苦，其实这种做法并不可取。因为这样一来，很难激发孩子的学习动力，还可能会让孩子对工作产生恐惧，甚至成为“啃老族”。家长应该给孩子客观地讲述自己在工作中的得与失，分享自己对工作的切身感受，经常进行积极、正向的沟通，则更有利于孩子客观地了解职业，初步形成对职业的认识，进而去思考自己的职业规划。

三、做孝老敬亲的人

百善孝为先，“孝”是中华民族的传统美德。传承孝文化、孝礼仪也是新时代家庭教育的重要内容。

（一）经常陪伴父母

陪伴是最长情的告白。俗话说：“有钱没钱，回家过年。”其实，父母对子女的要求并不高，常回家看看就心满意足了。如果父母在身边，下班回家，和他们聊一聊当天发生的事，问问他们的状况；如果父母不在身边，多打打电话、聊聊视频，他们才不会觉得孤单失落。逢年过节、父母生日等重要时刻尽量和父母一起度过，让他们享受天伦之乐，感受幸福美好。

（二）对父母和颜悦色

有人向孔子请教什么是“孝”，孔子回答“色难”，即始终保持好的脸色是最难的。因此，和颜悦色是最高级的孝。人老了难免会唠叨，我们要耐心听，认真回应；人老了，总有观点和我们不同，我们要尊重、不顶撞，要平静地和他们交流沟通。

（三）帮父母完成心愿

《礼记》说：“孝子之养也，乐其心，不违其志。”帮助父母完成心愿是孝顺父母的重要表现。父母的心愿，可能是去某地旅游，可能是想见某人，也可能是完成家里一件大事。我们都要在力所能及的时候尽快帮父母达成心愿，不留遗憾。

（四）让父母减少担忧

孟武伯问孝，孔子曰：“父母惟其疾之忧。”父母最担心的就是子女生病。我们要照顾好自己，不熬夜、多锻炼，保持身心健康，让父母放心。我们还要把小家庭经营好，夫妻恩爱和睦，孩子健康成才，即使小家庭有了矛盾也要尽力自己解决，不让老人出面，不给父母添堵。

第二节　做好学习的榜样

托尔斯泰说过，教育孩子的实质在于教育自己，而自我教育则是父母影响孩子的最有力的方法。在很多爸妈的朋友圈里，孩子是主角，“孩子在学英语”“孩子又过级了”“孩子又得奖了”等等。我们舍得把所有的财力和心力都花在孩子身上，希望能为孩子“规划”一个美好的人生，却舍不得为自我成长投资。其实，对孩子最好的教育，真正地富养孩子，就一条——父母永不放弃自我成长。你的一句“再贵的书我都舍得给你买”，不如一句“我好喜欢这个作家，他的书我都要读一遍”来得效果好。父母热爱学习的样子是最美的。家长要树立终身学习意识，养成热爱读书的习惯，提升科学学习的能力，创建学习型的家庭、成长型的思维，全面做好孩子学习的榜样。

一、树立终身学习的意识

新时期家庭日常生活的、工作的、社会的急剧变化，要求人们必须更新知识结构和观念，以获得新的适应能力。

同时，人们对现实生活和自我实现的需求也在不断增长，这些都需要终身学习来应对。终身学习能满足我们生存和发展的新需要；能带领我们克服工作生活中的困难，解决遇到的新问题；能帮助我们开阔视野，增长才干，紧跟时代需要；能支持我们拥有更大的发展空间，实现人生价值。

二、培养热爱读书的习惯

一个家庭，父母热爱读书的习惯是可以遗传的。杨绛先生曾经在回答“什么是好的教育”时说：“我自己就是受父母师长的影响，由淘气转向好学的。爸爸说话入情入理，出口成章，《申报》评论一篇接一篇，浩气冲天，掷地有声。我佩服又好奇，请教秘诀，爸爸说：‘哪有什么秘诀？多读书，读好书罢了。’妈妈操劳一家大小衣食住用，得空总要翻翻古典文学、现代小说，读得津津有味。我学他们的样，找父亲藏书来读，果然有趣，从此好读书，读好书入迷。”杨绛先生的女儿也一样。“女儿见我和钟书嗜读，也猴儿学人，照模照样拿本书来读，居然渐渐入道。”

家里处处是书，读书的氛围感强，孩子自然而然会喜欢上书籍。不仅如此，读书明理，爱阅读的父母也会舍弃保守和偏见，树立正确三观，在孩子人生的重要阶段，能够为其提出长远的建议。

三、提升科学学习的能力

家长的学习能力提升了，指导孩子的能力也会不断提升，家庭中才能形成亲子共同成长的良好氛围。家长可从以下几方面提升学习能力：

（一）明确学习目标

家长根据自身需求可以设定短期目标和长期目标，比如年度目标是考下某项资格证、读几本书、学会某项技能等，再细化到每个月、每个星期要达成的小目标，这样更容易坚持下去。

（二）改进学习方法

家长要不断学习和尝试新的学习方法，比如制订学习计划、分阶段学习、做摘抄卡、画思维导图等，从而提升自己的学习能力。

（三）调整学习心态

有些家长的学习心态比较功利，尤其是学习了关于家庭教育的原理、方法后，期待孩子在短期内发生巨大变化，如果没有达到预期便会怀疑或者放弃，这种心态不可取。家长的学习心态应该是积极乐观、主动愉悦的，通过制订学习计划、坚持不懈地执行、积极面对困难等方式培养和锻炼学习毅力。这样能更好地影响孩子，让孩子感受到学习的乐趣和意义。

（四）拓展学习社交

根据学习金字塔原理，最有效的学习方式是教别人。家长可以通过与他人交流和分享提升自己的学习能力，同时也会获得更多的学习资源和启示。

四、创建学习型的家庭

学习型家庭的本质是一种健康的生活方式。在家庭中营造浓厚的学习氛围，家庭成员都自觉地参与学习、交流、探讨，把学习作为生活不可或缺的一个重要组成部分，孩子会在不知不觉中受到熏陶，从而激发学习兴趣，培养学习能力，会让家庭更和谐、更幸福。

（一）有固定的场所和时间

家庭成员要尽量有各自的学习桌，当然，餐桌也可以成为全家人交流学习的场所。时间也要相对固定，比如，每天吃过晚饭全家人就要独立学习一个小时，或者每周末晚上定一个共读时间，交流学习体会。

（二）有必要的学习资源

家庭要列出购买学习资源的开支计划，比如，纸质书籍、线上课程、学习软件、学习群、读书会、图书馆等，确保不断更新，保持吸引力。

（三）有丰富的学习方式

学习的方式有很多，如读书，可以家庭成员自由阅读再作分享，也可以共读一本书，家长读孩子听或者孩子读家长听。现在音视频资源越来越丰富，可以选择适合大人也适合孩子的，一起听一起看，并积极探讨以增强学习的深入性。“独行快，众行远”，通过参加读书会、学习共同体等组织，让学习的方式更多元。

（四）有长效的激励机制

家庭成员要一起制订阶段性学习计划及相应的奖励制

度，可以是个人的，也可以是全家的。计划完成后一定要兑现奖励，如每个人完成自己的计划可以实现一个愿望，都完成了就全家一起去旅游等。奖励可以是物质的，也可以是精神的。有计划、有奖励，学习习惯更容易培养起来，学习型家庭也更容易建立起来。

五、坚持不懈形成习惯

经常看到一些家长发朋友圈，说要天天打卡，养成陪孩子亲子阅读的习惯，但不到一周再无音讯了。这样给孩子传递的信息是什么呢？由此可知，孩子身上表现出的“三分钟热度”行为也就不足为奇了。

身教胜于言教。不管多忙，家长都要每天坚持看书学习，先不提内容学得怎么样，至少这个过程会让孩子看在眼里、记在心上。父母以身作则，终身学习，家庭教育效能才能体现出来，孩子才具有内在的学习兴趣、较强的成就动机。

第三节　做好诚信的榜样

孔子说“人而无信，不知其可也”。诚信是中华民族传统美德的重要规范之一，也是社会主义核心价值观个人层面的基本内容。在一项“对自己诚信观念影响最大的人”的调查中，有 49.9％的受调查学生选择了父母，这说明父母在对孩子诚信观念养成和诚信行为塑造方面有着举足轻重的地位。因此，父母要做好诚信的榜样。

一、诚实面对自己

人无完人，缺点是每个人都有的固有特质。人若能诚实地面对自己的缺点，就更容易接纳自己，不再掩饰逃避，也更容易采取行动提升自己。当然，作为成年人，做到这一点不是件容易的事，我们总是试图掩盖一些事实或者逃避一些问题，面上看起来似乎还不错。但是，这样只能使问题越来越多，自己也越来越累。在家庭教育中，家长有时也会犯错，比如处理问题的方式暴躁、冤枉孩子、伤害孩子等。如果出现此类情况，家长能意识到是自己的问题，并诚恳地向孩子道歉，争取原谅，就能很快修复亲子关系。

二、对孩子讲诚信

有这么一则故事：

曾子的妻子要去赶集，儿子哭着也要去，妻子哄儿子说："你在家里好好玩，我赶集回来杀猪给你吃。"儿子一听这话，立刻不再哭闹了。到了中午，曾子见妻子赶集回来，便拿起一把杀猪刀，在磨刀石上霍霍地磨起来。妻子赶快问："你这是干什么？"曾子回答说："你不是说赶集回来就杀猪给儿子吃嘛。"妻子阻止道："我不过是哄哄孩子罢了，何必真杀呢？"曾子认真地说："对孩子不可说谎，孩子是会学习父母言行的，如今你欺骗孩子，是教孩子学骗人，这样怎能教育好孩子呢？"

在家庭生活中，家长要时刻关注自己的言行举止，做到言行一致，不欺骗、不隐瞒、不虚假。同时，面对诱惑能坚持诚信原则，不见利忘义，让孩子感受到家长的可靠性和原则性。

三、提升被信任的能力

“日久见人心”，成为一个值得信任的人，需要长期的自我修炼。

（一）认真负责不投机取巧

在生活和工作中，父母要认真对待每一件事情，尤其在面对问题和困难时，要有勇气承担责任，不推卸、不逃避，做一个靠谱的人。首先，家长要认识到自己的责任和义务，不管家境是贫寒还是富有，都应懂得自己是孩子的第一任老师的道理，同时也要做孩子的终身老师，不应有丝毫的懈怠。其次，家长要勇于负责，对自己负责、对孩子负责、对家庭负责、对社会负责。比如，家长在工作上承担了重要任务，会加班加点、废寝忘食去完成。又如，家长做错了事情，勇敢地承认错误，不推脱责任并积极改正。这些都会在孩子心中埋下“负责”的种子。

（二）守承诺但不轻易许诺

当别人提出请求时，如果自己能够做到，就爽快答应并认真做好，不辜负他人的信任；如果做不到或者不该做，就真诚地拒绝，委婉地说明理由，这样也不会失去对方的信任。家长想要巩固自己的权威地位，平时就要对孩子说话算数，不要为了一时而敷衍孩子，事后又反悔。和孩子承诺好的事情一定要说到做到，不然孩子就会觉得家长是不守信用的人。不少家长因为种种原因无法兑现承诺令孩子失望，久而久之，累积的怨气会降低孩子对家长的信任度。家长是孩子的镜子，也是孩子模仿的对象，只有说话算话的家长才能在子女心目中树立起威信来。比如，家长为了鼓励孩子好好学习，许下了某种奖励的承诺，当孩子达到了家长的预期，不能再找这样或那样的借口不兑现承诺。曾子杀猪的故事就是最好的诠释。

（三）尊重他人不窥探隐私

在日常生活中，家长应始终尊重他人的权利、意见和感受，不伤害、不侵犯对方的利益和尊严；尊重他人的隐私权，不泄露他人的私人信息或秘密。如果孩子从家长那里感受到的总是被否定、不被尊重，感觉自己很差劲，就会逐渐产生反叛心理，内心想远离家长，甚至逃离家庭。这个时候，家长说的话、讲的道理，就会渐渐失去作用。具体表现为，家长每说一句话，孩子都想反驳，因为孩子潜意识里想要证明自己是好的、自己能行，所以表现得越来越不服从管教。因此，家长想要让孩子信服，应该给孩子更多的尊重和理解。虽然孩子小，很多方面不成熟，但家长也应该以一种平等的姿态和他对话、相处；不要开口就是给孩子下命令，多用商量、征询意见的语气和孩子说话；给孩子多一些信任，允许孩子表达自己的想法和观点，在非原则性问题上，多尊重他的想法和选择。尊重和信任是相互的，被家长尊重和信任的孩子，不但会更加自主、自觉，也会愿意听从家长的意见和建议。

第四节　做好生活的榜样

生活即教育。家长过什么样的生活，就是给孩子什么样的教育。美好的生活需要文明和谐的关系做支撑，这种温暖给了孩子安全感，哪怕成长的路上北风呼啸抑或荆棘丛生，他们都有勇气面对；美好的生活需要健康的体魄做基础，这要在运动中提升；美好的生活需要基本的技能来辅助，洗衣、做饭、操持家务，家长要争做多面手；美好的生活靠辛勤的劳动来创造，家长热爱劳动，才能带领孩子感受美好，体验幸福。

一、文明有礼

很多家长曾有这样的体会，小时候带孩子出去玩，经常告诉孩子要有礼貌，见了熟人要打招呼，但是真的遇到同事或者朋友的时候，孩子总是羞涩地躲在大人身后，要么扭捏地小声问好，要么就是坚决不叫人，令家长很尴尬。针对这种情况，家长不妨换一种方式，做给孩子看。如在电梯里遇到邻居，家长热情地向对方问好，在大街上遇到熟人时大方地打招呼“您好！好久不见”，在家里主动表达感谢“孩子，谢谢你帮妈妈拿拖鞋”等等。如果家长总是把礼貌用语挂在嘴上，表达时又能做到自然大方真诚，耳濡目染，孩子慢慢地就能学会使用礼貌用语，成为文明有礼、仪态大方的好孩子。

二、勤俭环保

如果家长经常随意扔垃圾、浪费食物，孩子可能就习以为常，有样学样。家长若能够坚持在生活中做到勤俭节约，爱护环境，孩子不知不觉中也会养成这种优良的品德。很多孩子小的时候有乱扔垃圾的小毛病，此时家长不能视而不见，当然也不必指责孩子，可以当着孩子的面捡起他扔的垃圾，走到垃圾桶跟前放进去，然后跟孩子说：我们要爱护环境，不乱扔垃圾，不随地吐痰，这样环卫工人就不会那么辛苦了，我们要做个不给别人添麻烦的人。一次两次孩子可能记不住，但时刻提醒会影响孩子，久而久之，孩子不乱扔垃圾的习惯就养成了。

三、积极劳动

在家庭中，必备的基本劳动技能有：基础清洁、买菜做饭、洗涤打理、家用设施维护、家庭购物、家政理财等。家长要培养自己的家务劳动技能，提高生活质量，带头做一个有责任感、幸福感的人，从而更好地引导孩子热爱劳动，学会劳动技能。

在孩子小的时候，家长要多带动孩子做家务，比如每次出门主动把门口的垃圾袋捎到楼下，告诉孩子：作为家庭的一分子，我们有义务为家庭分担，要做个有担当、有责任心的人，干活不怕脏、不怕累，相互体谅，互相照顾，这样的家才是幸福的家。孩子感受到为家人付出是件幸福的事，就会抢着去干活，责任感也逐步形成了。

四、强身健体

要想拥有健康的体魄，就要热爱运动，坚持锻炼。现在很多孩子平时缺少运动，体弱多病，“小胖子、小眼镜”比例很高，令人担忧，这就需要家长们做个好的表率。首先，家长要有锻炼身体的好习惯，比如坚持每天快走或者跑步、周末爬山等；其次，要经常陪孩子一起运动，如跳绳、打球、游泳等，既能增强体质，又能增进亲子关系；再次，和孩子一起观看体育比赛，感受竞技体育的魅力，也是进行爱国主义教育的好途径。

五、热爱生活

只有热爱生活的人，才会更快乐。家长积极向上、热爱生活的热情会感染、传递给孩子。家长可以利用游戏的方式让孩子体验生活，再用生活中遇到的问题去检验孩子在游戏里学到的知识和技能。比如家长可以带孩子去超市、菜市场，开展探索比赛活动，看谁能找到购物清单上的物品。买菜回家，让孩子当小助手，择菜洗菜、端碗拿盘，吃完饭后再一起收拾餐桌、洗漱餐具。利用周末的时间和孩子一起整理家务，把家里的物品分门别类摆放整齐。干完活之后记着给孩子一个拥抱，一句鼓励，感谢他为家庭的付出，让孩子体验到自己的价值。

“家族仪式传承”研究项目经过 50 年的研究得出结论：家庭中的仪式感，会浸透到孩子的血肉里，让他们充满幸福感、归属感、安全感和目标感；让他们在漫长的人生路上，不感到孤单；让他们感受到爱，并且有爱人的能力。仪式不在大小而在用心，可以是每天一个晚安吻、睡前共读一小时、早晨做的爱心餐，也可以是特殊日子里送给自己或家人的一份小礼物，还可以是面对困难时给自己、给家人的一句共情的话或一个温暖的拥抱。

第五节　做好处世的榜样

家庭教育的根本目标是培养孩子成人成才。家长做孩子为人的榜样重在修身，做孩子处世的榜样重在换位思考与合作共赢。换位思考是处事的核心思维，强调从他人的角度出发，尝试理解别人的感受、需求和立场。换位思考可以让我们更好地与他人建立关系，进而达成合作共赢，掌握一加一大于二的钥匙。

一、学会换位思考

换位思考是阳光思维，是成就事业的思考。换位思考要从以下四个方面做起：

（一）平等和尊重

在处理人际关系时，要始终坚持平等和尊重的原则。不以自己的地位、财富、权力等优势来歧视或压制他人，而是给予别人应有的尊重和权利。家长和孩子相处时也不能高高在上，把自己当成教育权威、家庭统治者，要把孩子看作是一个和我们平等的独立个体，蹲下身来与孩子交流，能让孩子切身感受到什么叫尊重。

（二）理解和接纳

从他人的角度看待问题，体会对方的立场和背景，有助于我们更好地理解对方，更好地进行沟通、合作，避免误解和冲突。我们不一定认同他人的观点或做法，但我们可以尝试接纳。人无完人，孩子也是这样，每个孩子都是独一无二的，有着各种各样的情况，家长要真诚地接纳孩子的不完美，给孩子无条件的爱，才会激发孩子努力改变的动力。

（三）友善和宽容

网络上有一个故事让网友们频频点赞：一位外卖小哥因车速过快撞到了一辆豪车，自己也受了伤。小哥知道自己没有能力赔偿就请求分期赔付，车主明白赔偿对于小哥来说是巨大的负担，非常宽容地告诉他不用赔，还给小哥钱让他去医院处理伤口。这个故事温暖而有力量，相信豪车车主当时也会因宽容别人而获得幸福感，小哥则因为他的友善和宽容而更加热爱这个世界。

（四）反思和内省

吾日三省吾身。经常反思自己的言行，是不断完善自己、取得进步的重要前提。反思和内省的目的是提高自己的觉知力，知道自己哪件事做得合乎道德规范，哪件事做得有欠缺。如在与人交往时，经常审视自己是否遵循了“己所不欲，勿施于人”的原则，就会避免做出对不住别人而让自己内疚的事情。家长经常和孩子交流自己的反思并切实改进，孩子就会了解家长的处事之道，从而养成经常反思内省、知错就改的好习惯。

二、学会合作共赢

善于合作才能成就大业，追求共赢才是前行大道。合作共赢要做好如下四个方面：

（一）与孩子的合作共赢

家长要“赢了”孩子，还是要“赢得”孩子，这是两种不同的教育理念。“赢了”孩子，家长就会用控制、惩罚的手段想法战胜孩子；要“赢得”孩子，家长就会维护孩子的尊严，以尊重的态度对待孩子，相信孩子有能力与家长合作并贡献他们的力量。如孩子顺手拿了超市的零食，家长忍不住对其指责训斥甚至羞辱威胁，表面上是“赢了”孩子，实际上问题并没有解决，或许还会出现更严重的后果。如果家长陪着孩子一起去道歉、请求原谅并主动赔偿，这样既保护了孩子的自尊心，又赢得了孩子的信任，更会激发孩子改过自新的动力。

与孩子合作，一是家长要尊重孩子，把孩子当作平等的个体对待，合理接纳孩子的观点。二是家长要重视沟通，在发生分歧时，做孩子的倾听者，从孩子的角度“理解”他的想法。三是多鼓励孩子的些许进步和优秀表现，使孩子感到被重视、被欣赏，提高解决问题的信心。四是遇到问题不急于批评指责，而是了解清楚事实，引导孩子关注问题的解决，达到双赢的目的。

（二）与配偶的合作共赢

在家庭关系中，夫妻双方应该建立平等的伴侣关系，在家庭中有同等的地位，相互尊重对方的需要和意愿。平等分担家务，照顾好孩子，相互支持对方的事业发展，为孩子做好合作共赢的榜样。平时加强沟通，了解配偶的想法，设身处地为对方着想；遇有分歧，相互体谅，理性交流，避免冲突。这种和谐的夫妻关系，更有助于孩子树立正确的价值观、增强自信心、获得幸福感。

（三）与老师的合作共赢

家长要尊重老师的专业性，信任老师的教育能力，与老师保持良好沟通，并根据老师的建议，配合学校的教育，与老师形成教育合力，促进孩子全面发展。同时，家长要积极参加家长会、学校开放日等活动，了解学校动态，在能力范围内支持学校和老师的工作，为孩子做好合作共赢的榜样。家长对老师的信任直接影响孩子对老师的态度，所谓“亲其师，信其道”，家长的榜样作用会产生多方共赢的良好效果。

（四）与社会的合作共赢

家长要带孩子积极参与各种社交活动，如社区服务、志愿者工作、团队比赛等，为孩子在实践中学会如何与他人合作、沟通并正确处理人际关系做好榜样示范，以此培养孩子的社交能力和领导力等，为孩子未来的发展打基础。

家庭教育是润物细无声的过程。父母在修身、学习、诚信、生活和处事等方面的有效带动和榜样示范作用，一方面会让孩子自发地产生一种内在的驱动力，不断向父母靠近；另一方面，父母在以身作则的过程中，也能时时反思自己的行为，不断调整和进步。这样，有利于形成良好的家庭教育模式，取得令人满意的家庭教育效果。

下篇

家庭教育百问百答

家教

JIATING JIAOYU

第一章　注重家庭家教家风

1. 家庭建设的“三注重”是什么?

习近平总书记在2015年春节团拜会上的讲话中指出:家庭是社会的基本细胞,是人生的第一所学校。不论时代发生多大变化,不论生活格局发生多大变化,我们都要重视家庭建设,注重家庭、注重家教、注重家风,紧密结合培育和弘扬社会主义核心价值观,发扬光大中华民族传统家庭美德,促进家庭和睦,促进亲人相亲相爱,促进下一代健康成长,促进老年人老有所养,使千千万万个家庭成为国家发展、民族进步、社会和谐的重要基点。

这个重要论述,是我们做好家庭教育工作的指导思想和行动指南。

2. 家庭教育的“四个一”是什么?

2018年9月10日,习近平总书记在全国教育大会上的讲话中指出:家庭是人生的第一所学校,家长是孩子的第一任老师,要给孩子讲好“人生第一课”,帮助扣好人生第一粒扣子。

这个论述,强调了在孩子成长过程中,家庭所起的基础作用、家长必须承担的重要责任以及家庭教育对孩子的重要影响,给广大家长如何进行家庭教育指明了方向。

3. 什么是家庭?

家庭是以婚姻关系为基础，以血缘或收养关系为纽带，以父母、夫妻和子女为主要成员的生活共同体，是社会的细胞。在社会体系当中，家庭作为一种组织形式，具有生活、组织、管理等功能，是人们生活的基本场所，是人们生存、成长和发展的起点。幸福的家庭是良好家教的前提，是孩子健康成长的重要保障，会对孩子的一生起到重要的托举作用。

4. 新时代家庭的主要功能有哪些?

家庭是最小的社会组织，是社会的基本单位。家庭的功能主要有生育功能、抚养功能、赡养功能、经济功能、政治功能、社会功能、教育功能、情感功能、文娱休闲功能等。只有全面发挥好家庭的作用，才能更好地建设幸福美满的家庭。

生育功能完成的是人的再生产，是我们人类以及种族延续的必需；抚养功能是指家庭对幼年期孩子提供物质和精神养育，使其正常生长；赡养功能是指老年人在家庭中能够得到照料和尊敬；经济功能是家庭的生产、分配、消费、投资等，是家庭衣食住行基本生活的需要，也是一代代长期发展的需要；政治功能是说家庭像一个小型政府，也有家长权威，存在参政议政，一个个家庭也会影响国家；社会功能是指家庭要抚养教育孩子适应社会发展，成为社会人；教育功能是指家庭要为每个家庭成员特别是未成年人提供接受教育的机会，提供必要的物质条件、情感支持及方法指导，完成家庭教育的职责；情感功能是指家庭为每个家庭成员提供个人情感和被接受的环境；文娱休闲功能是指家庭中要有丰富多彩的休闲和娱乐活动，让生活充满乐趣，带给家庭成员愉悦和放松。

5. 建设幸福家庭的方法是什么?

建设幸福家庭的方法主要有五条：

第一，保持良好的沟通。良好的沟通是家庭幸福的基石。沟通的目的在于互通信息、解决问题、加深亲情。家庭成员尤其是夫妻之间要有“先通情，后达理，再说事”的意识。亲情到位，事情就不难解决，所以沟通的前提是关系，关系不良、感情不融洽，沟通必然不畅。沟通是双向的，家人之间要坦诚地表达自己的想法和感受，同时要尊重其他人的意见和需求。沟通的方式有多种，重要问题可以通过正式的方式进行，非重大问题可以在日常生活中随机进行，让沟通自然而然、轻松有效。

第二，重视家庭道德建设。《新时代公民道德建设实施纲要》规定了公民道德建设的四个方面：社会公德、职业道德、家庭美德、个人品德，这是家庭道德建设的重要依据。社会公德主要是文明礼貌、助人为乐、爱护公物、保护环境、遵纪守法；职业道德主要是爱岗敬业、诚实守信、办事公道、热情服务、奉献社会；家庭美德主要是尊老爱幼、男女平等、夫妻和睦、勤俭持家、团结邻里；个人品德主要是爱国奉献、明礼遵规、勤劳善良、宽厚正直、自强自律。

第三，培育共同的家庭价值观。家庭价值观可以统一家庭成员的行为准则和精神追求。家长要与孩子一起探讨家庭的价值观，让孩子明确其重要性。在家庭中培育和践行社会主义核心价值观——富强、民主、文明、和谐、自由、平等、公正、法治、爱国、敬业、诚信、友善，引导孩子把社会主义核心价值观落实到自己的生活中。家长要带头践行，体现在家庭生活的各个方面，时时处处为孩子做榜样。

第四，家人相互尊重，彼此关心。相互尊重与关心可以从点滴小事做起，如晚辈从“大声叫爸妈，家务抢着做，日常勤问候，礼物很贴心”等做起，把关心和尊重由内心外显出来；家人从“有话好好说，遇事多商量”做起，从细节处体现关心和尊重。这些要发自内心，不能走形式，唯有真情最动人。

第五，家人共同做事。家长可以与孩子一起制订家庭规矩，并严格执行，让家庭成员学会遵守规则、尊重他人；共同承担家务劳动，让孩子从小学会做家务，与成年人一起参与家务劳动，培养孩子的独立性和责任感；共同参加文体活动，家人们可以一起去影院、公园、书店、博物馆，一起晨练、游泳、唱歌等，一起参加社区活动，让家庭成员之间有更多机会共同体验亲情的温暖和相互陪伴的幸福。

6. 如何处理好夫妻关系？

处理好夫妻关系是一个系统工程，需要做的事情很多，其中主要的有五条：

第一，夫妻相处要遵循四个原则：一是相互尊重。尊重对方的意见、权利和感受，也要尊重对方的隐私和自由，还要尊重对方的亲人和朋友。二是相互理解。理解对方的人生经历、心理需求，以及爱的表达方式的差异，接纳彼此的不完美。三是相互信任。主要是相信对方对爱情的忠诚，相信对方的做事动机，相信对方的办事能力。四是相互成就。彼此要在心理上给予信任，在时空上给予自由，在财力和情感上给予支持。共同成长才是最真挚的爱。

第二，搞好沟通和融合：夫妻相处要进行沟通，尤其是新婚夫妇，要通过坦诚的沟通了解彼此的思维定式、处世模式和行为习惯，找出最大公约数，完成原有家庭文化和价值观差异的融合，摸索出适合彼此和谐相处的新的互动模式，以达到相互包容理解。

第三，处理好几个问题：感情问题，要尊重信任，坦诚忠诚；家务问题，要分工合作，积极承担；财务问题，要共创共享，公开共有；抚养孩子，要各负其责，爱心陪伴；孝敬老人，要尽心尽力，无怨无悔；事业发展，要共同学习，相互支持。

第四，共同做好几件事：一是共同参加活动，比如外出旅行、运动健身、读书品茶等等，让陪伴成为生活日常。二是一同走亲访友，亲友的加持具有加深感情的妙用。三是一同看望老人，当彼此对对方长辈更加孝敬，又能真心实意心甘情愿的时候，夫妻感情会更好。

第五，爱情保鲜有高招：一要投资自己，提升能力。投资学习，给自己增值，让自己变得更强大，更有爱的能力。当你成为更好的自己，有了爱自己、爱他人的能力时，爱情才能真正保鲜，才能长久。二要互相包容，不争对错。谁都不是完人，不可能十全十美，要相互包容。家庭不是法庭，不需要明察秋毫、明辨是非，凡事更不必分个谁对谁错，清官还难断家务事呢。要防止赢了理、输了情。三要相互扶持，双向奔赴。夫妻相互扶持，接纳对方的不完美，多看对方的优点、做到的80%，让相爱的两个人关系和谐亲密。不是牺牲一方成就另一方，而是要求同存异，互相成就。

7. 如何处理好婆媳关系？

由于婆婆和媳妇来自两个家庭，在家庭关系中角色不同，且年龄差异大，有的还要朝夕相处，所以婆媳之间出现一些矛盾在所难免。如何才能处理好婆媳关系呢？

第一，加深理解。了解并理解彼此生长、生活的时代背景和家庭文化背景，尊重差异，齐心协力，共同商定，以走向幸福和谐美好的大家庭为共同目标。

第二，保持良好的沟通。以诚实、尊重和开放的态度，倾听对方的心声，并试图理解彼此的感受和需求，促进亲情发展。

第三，尊重对方的个人空间。相互尊重对方在家庭中的角色，并给予足够空间。如果公婆身体好，经济能独立又有单独住所，可以与子女分开居住。如果需要婆婆帮助照顾孩子，也要尽量多地给予婆婆相对独立的空间和时间。

第四，寻找共同的兴趣。婆媳有共同话题或兴趣爱好，有利于关系的亲近。婆媳可以共同参与喜欢做或者愿意尝试做的事情，以增进相互了解。彼此之间都可以主动提供这样的机会，表达美好意愿。

第五，灵活适应变化。家庭成员的适应能力会随着时间的推移而改变，特别是新生命降生，会让家庭出现新情况，遇到新问题。接纳这种变化并灵活调整期望，就可以减少冲突。儿媳要理解和感恩婆婆，婆婆要体谅和支持儿媳，做到到位不越位、帮忙不添乱。互相祝福，互相感恩，及时照顾，是加深婆媳感情的三大要领。两代人都需要有边界感，尽量不插手对方的生活。

第六，寻求他人协助。遇到问题，婆媳要坦然面对、接纳、解决而不要回避。相互尊重很重要，忍让也很重要，就像二人过桥都要侧侧身。婆婆要放手让年轻人主政，调整好适时退位的心理状态；儿媳也要克服依赖心理，主动担起家庭责任。婆媳之间如果遇到困难实在无法自行解决时，可以通过家中的男人协助沟通解决问题，避免直接冲突。家庭内部不能解决的，可以寻求专业人士或其他有经验、有威望的人帮助。倾听中立的观点和建议，有利于问题的解决。

8. 父母开展家庭教育的内容有哪些？

《家庭教育促进法》第十六条规定，未成年人的父母或者其他监护人应当针对不同年龄段未成年人的身心发展特点，以下列内容为指引，开展家庭教育：

第一，教育未成年人爱党、爱国、爱人民、爱集体、爱社会主义，树立维护国家统一的观念，铸牢中华民族共同体意识，培养家国情怀。

第二，教育未成年人崇德向善、尊老爱幼、热爱家庭、勤俭节约、团结互助、诚信友爱、遵纪守法，培养其良好社会公德、家庭美德、个人品德意识和法治意识。

第三，帮助未成年人树立正确的成才观，引导其培养广泛兴趣爱好、健康审美追求和良好学习习惯，增强科学探索精神、创新意识和能力。

第四，保证未成年人营养均衡、科学运动、睡眠充足、身心愉悦，引导其养成良好生活习惯和行为习惯，促进其身心健康发展。

第五，关注未成年人心理健康，教导其珍爱生命，对其进行交通出行、健康上网和防欺凌、防溺水、防诈骗、防拐卖、防性侵等方面的安全知识教育，帮助其掌握安全知识和技能，增强其自我保护的意识和能力。

第六，帮助未成年人树立正确的劳动观念，参加力所能及的劳动，提高生活自理能力和独立生活能力，养成吃苦耐劳的优秀品格和热爱劳动的良好习惯。

9. 家庭教育最重要的任务是什么？

《家庭教育促进法》提出的家庭教育的内容主要有五个方面：道德品质、身体素质、生活技能、文化修养、行为习惯。从顺序可以看出，家庭教育首要任务是道德品质的教育，也就是做人的教育，想成才先成人，想做事先做人。家庭教育作为起点教育、人生奠基教育、影响终身的教育，必须把道德品质的教育放在首位。国无德不兴，人无德不立，只有品德好的孩子才能飞得高，走得远。

10. 如何营造有利于孩子成长的家庭环境?

家庭是一个生态系统，成员之间、人与环境之间都会相互影响。人创造了家庭环境，家庭环境又潜移默化影响人。孩子是弱小的，最容易受到环境影响，家庭的问题往往先从孩子身上显化出来，所以预防孩子出问题就必须注重家庭环境的营造。

第一，营造家庭物理环境。要遵循“量力而行，健康适用”原则。物理环境要干净整齐有序，家长带孩子在收拾卫生、做家务的过程中，一起修炼自心，共同成长。物理环境不只是舒适，还要利于家人的生活、个人成长及情感互动。再好的物质条件都是为人服务的，不要因过度追求物质的高标准而导致债务缠身。

第二，营造家庭人文环境。主要是指家庭文化建设、情感建设、人际建设等。家庭要充满温馨，要相互关心，互相成就，共建共享，让家庭变成适合每位家庭成员生活的地方。家庭应该成为每个人温暖的港湾和人生的加油站，让每名成员敢于出去拼搏，又乐于回家团圆。营造家庭环境，最主要的是从提升自身修养开始。

11. 父母如何不单凭自身学历来教育孩子?

有人认为，父母学历越高越能教育出优秀的孩子，这种认识是机械和片面的。其实在现实生活中，父母的爱心以及合适的方法对孩子成长的影响更加重要。在此介绍一些可行的方法和技巧：

第一，在日常生活中进行教育。父母鼓励孩子参与家庭日常生活，学习实用的生活技能，积累生活经验。比如教孩子采购、维修、烹饪、扫除、理财等，都是培养孩子生活能力、促进孩子独立性发展的好方法，学会这些技能可以提高孩子的社会适应能力。

第二，培育孩子的阅读能力。阅读是学习的基本能力，是学好其他各门课程的基础。家长可以每天给低年级孩子读书，让孩子爱上读书；带孩子多去书店，根据孩子的兴趣选购适合的书；在家为孩子创造安心阅读的图书角或者儿童书房；对稍大的孩子，家长可以多听孩子读书或讲书，用输出分享促进孩子主动读书。欣赏和鼓励要贯穿在培育孩子阅读能力的各个环节。

第三，培养孩子良好的兴趣爱好。家长可通过培养孩子兴趣爱好来促进他们发展技能，完善个性。可以根据孩子的特点和意愿选择学习琴棋书画、诗词朗诵、手工制作、科学实验、体育运动、家务劳动等。这些活动有助于孩子的身心健康，有利于激发孩子的潜力，提高自信和自尊，增强孩子的成就感和幸福感。

第四，培养孩子的交往能力。交往能力需要在实际交往中学习，家长要引导孩子选择良友。中小学生学好还是学坏，很大程度是受同伴影响的，所以教育孩子交友要谨慎，要让孩子结交品德端正、积极上进、阳光正气、诚实善良、团结友善的朋友。要学会智慧交往，严禁不良交往，还要教育孩子如何应对校园霸凌。

第五，培养孩子的独立思考能力。独立思考能力和自学能力是孩子学习的基本能力。优秀的孩子不是补习出来的，也不是家长监督出来的，而是自己乐学、会学加上勤学得来的。鼓励引导孩子敢于发现问题又善于提出问题，并且具备独立观察、独立思考、独立解决问题的能力，这对孩子的终身发展都有益处。

第六，让孩子安心求学。让人放心的孩子背后，一定有让孩子放心的父母。夫妻经常吵架，动不动就闹离婚，一定会让孩子对父母、对家庭都不放心，安心学习更成为不可能的事情。为了孩子的健康成长，父母要和睦相处，各尽其责，勤奋工作，这些都是对家庭的未来负责，能给孩子带来安全感，也能激励孩子发奋求学。

第七，让孩子当“老师”。让孩子当“老师”，家长当学生，可以激发孩子的成就感和学习动力。比如，让孩子给家长读书讲故事，让孩子给家长出题判对错，家长认真听讲、虚心对待。这种角色转换，对于孩子来说是一种主动的学习方式，一方面可以让孩子巩固知识要点，从中获得信心和动力，另一方面也让孩子体验到成就感和价值感。

12. 为什么父母要亲自养育孩子?

《家庭教育促进法》把“亲自养育，加强亲子陪伴”当作家庭教育方法的第一条，意义显而易见。父母亲自抚养教育孩子是孩子生命成长的需要，能给孩子带来安全感，有利于亲子依恋情感的牢固建立。只有亲子依恋感情建立得好，孩子才会相信父母，愿意听父母的教导，父母的教育才会有效。好的关系胜过许多教育，亲子关系好，教育才能顺利地、深度地展开。亲子依恋来自亲自养育和精心陪伴，这是教育的起点，是爱的根基，是孩子成长非常关键的环节。儿时的亲自养育，更容易在亲子间形成深度的情感链接。在亲自养育过程中形成的那种共同的语言系统、默契的交流模式、舒适的饮食习惯、温暖的生活画面等，能时时唤起孩子的感动与感恩，这些都是孩子长大后无条件配合父母的资本。

目前，有些父母忙工作、忙事业，直接把孩子交给祖辈或者保姆，放弃亲自养育，殊不知童年时父母陪伴的缺失对孩子未来的成长影响巨大。亲子陪伴，时间长短只是一个方面，关键在于陪伴的质量。陪伴孩子时，父母要放下电子产品，放下工作，全身心地和孩子在一起，与孩子积极互动，要有效回应孩子的情感需求，尽可能做到有问必答，保障高质量的陪伴。

对于幼小的孩子，喂养、陪伴、运动、游戏等非常重要。随着孩子长大进入青春期，理解、尊重和支持则更为重要，养育的方式需要根据孩子的实际情况及时调整。

13. 父母外出如何教育留守的孩子？

当今社会，父母外出工作、求学等情况广泛存在，父母与子女长期分离已经成为不可回避的时代现象。但是，子女教育，尤其是早年的教育却离不开父母的参与。因为孩子不只是生理意义上的人，吃饱穿暖就行了，孩子还是精神意义上的人，需要父母的亲自陪护和情感滋养。那么，外出的父母该如何做呢？

第一，想方设法与孩子多交流。父母可以通过电话、视频等多种方式与孩子交流，让孩子知道，哪怕是千里之外，父母的心依然和自己在一起，这是给孩子的强大的精神力量。可以和孩子聊生活中开心的事、喜欢的事、难过的事、需要帮助的事，等等。不要动不动就和孩子聊学习，问成绩，更不要动不动就教训孩子。沟通中，父母更多的是倾听、包容和欣赏孩子。必要时也要聊学习，但是要就事论事，不比较、不迁怒、不抱怨、不推责。感情近了，关系好了，孩子才有支持感，不害怕远离父母的孤独。

第二，定期与学校的老师沟通。一方面让老师感受到父母对老师的尊重和对学校工作的支持，另一方面让老师感受到父母对孩子教育的重视。要重点沟通孩子在学校的生活，特别是交友情况。同龄的玩伴对于留守孩子的陪伴和情感支撑是很重要的，所以关心孩子的交友就是关心孩子的成长。对于老师的积极反馈，父母可以告诉孩子，让孩子知道师长对他的欣赏；对于孩子需要提高的方面，父母要先跟孩子确认，必要时帮助孩子向老师澄清；如果确实是孩子的问题，那就认真与孩子沟通，与孩子一起想办法改进。

第三，利用节假日等时间，多与孩子团聚。根据年龄特点和个性需求，要多与孩子一起拉手、拥抱、击掌、游戏、谈心、出游、看电影、享用美食等，这些可以打破长期不见面的尴尬，也都是留守孩子内心渴望的，能加深亲子之间的感情。

14. 特殊家庭如何教育孩子？

对于特殊家庭的孩子来说，只要父母或其他监护人善于学习，教育方法得当，处在这种环境中的孩子照样可以健康成长，长大成才。

第一，离异和重组家庭。家长要学会调节和控制情绪，不要在孩子面前流露对离异配偶的不满，更不能让孩子成为自己不良情绪的宣泄口；不能简单粗暴或者无原则地迁就、溺爱孩子；要多与孩子交流沟通，给孩子当家做主的机会，鼓励孩子参与社会活动；要定期让非监护方与孩子见面，不断强化孩子心目中父（母）亲的形象；要调动亲戚、朋友中的性别资源给孩子适当的影响，帮助其性别角色充分发展。重组家庭的夫妇，要多关心、帮助和亲近孩子，帮助孩子减轻心理压力、正视现实；彼此互敬、互爱、互信，为孩子树立积极的榜样；对双方子女一视同仁；要加强家庭成员之间的沟通，创设平和、融洽、奉献、感恩的家庭氛围。

第二，服刑人员家庭。监护人要多关爱孩子，善于发现孩子的优点，培养孩子的自尊心；要信任孩子，并引导其克服自卑心理；要定期带孩子探望其父（母），满足思念之情；要与学校积极联系，共同为孩子的成长创造好的环境。

第三，流动人口家庭。家长要勇敢面对陌生环境和生活中的困难，为孩子创造良好的生活环境；要处理好家庭成员之间的关系，为孩子创设宽松的心理环境；要多与孩子交流，多了解他们的思想动态；要加强自身学习，树立全面发展的教育观念；要与学校加强联系，共同为孩子创造良好的学习环境。

第四，农村留守儿童家庭。家长要增强监护人责任意识，认真履行家长的义务，承担起对留守孩子监护的应尽责任；家长中要尽量有一方在家照顾孩子，有条件的家长尤其是婴幼儿母亲要把孩子带在身边，尽可能保证婴幼儿早期母乳喂养、身心呵护的正常进行；农村留守儿童家长或被委托监护人要重视孩子的教育，多与孩子交流沟通，充分关注孩子的道德发展和精神需求。

第五，残疾人家庭。营造温暖的家庭氛围，积极参与家庭中的各种活动，带领孩子感受生活的美好和乐趣；鼓励孩子表达自己的意见、感受和需求，让孩子知道自己的声音和想法同样重要；父母要以身作则，让孩子看到一个坚强、自信的榜样；培养孩子的兴趣爱好，并鼓励孩子不断努力和进步；教育孩子树立正面的自我形象，让孩子知道每个人都是独特的、有价值的；教育孩子积极面对生活，在挫折和困难中汲取经验和教训，努力前行。

15. 隔代教育应注意哪些问题?

祖辈需要明白，孙辈教育的责任人主要是年轻父母，自己只是提供助力，做到帮忙不添乱。这样，既利于儿女正常工作，也利于自己充实的生活。祖辈参与隔代教育，需要注意如下六点：

第一，要善于学习。祖辈既要加强对中华优秀传统文化的学习，又要注意学习新思想、新知识，要活学活用传统文化的智慧，结合当下的情况，找到实施科学教育的最佳结合点，让孙辈从小既懂规矩、懂礼仪、懂感恩，又天真活泼，具备创新思维。

第二，要与子女相互配合。老人在带娃的过程中，一定要多与子女沟通，多问问儿女的意见。当两代人出现分歧时，应冷静沟通、统一原则，择善而从，不可固执己见。

第三，注意一些生活习惯。有的老年人口味偏咸、喜辣、重油，这会影响孩子的身体发育；有的老年人喜欢打牌、搓麻将，这会影响孩子的作息，打扰孩子的学习。为了孩子们的健康成长，老人应有意识地改变自己，提升自己。

第四，注意自己的言行。老人要给孩子树立正确的榜样，避免接送孩子闯红灯、插队、公共场合大声讲话、乱丢垃圾等行为，因为这些不文明行为容易被孩子模仿，不利于孩子成长。

第五，注意口语表达方式。许多祖辈经常称呼孩子“心肝”“宝贝”，夸孩子“你真棒”“你真聪明”“你真厉害”等，这样把孩子捧上天，容易让孩子形成以自我为中心和任性自负的性格。有些祖辈对孩子的错误用直白粗暴的言语进行责骂，甚至冷嘲热讽，这必然会伤害孩子的自尊心。祖辈和父母都应学会正确夸奖和鼓励孩子，对孩子要夸动机、夸细节、夸过程、夸态度、夸感恩，而不要夸长相、夸聪明、夸分数。

第六，对孩子不可过度疼爱和包办。由于隔辈亲的原因，祖辈对孩子多有溺爱和纵容的现象。年轻父母限制孩子做的事情，孩子往往在爷爷、奶奶、外公、外婆面前就可以做，比如吃零食、玩手机、看电视，有的祖辈都会迁就、支持孩子；父母安排小孩子做简单的家务，如整理自己的房间、玩具等。有的祖辈会包办一切，殊不知这样做不是爱孩子，反而是害了孩子，会让孩子恃宠而骄，失去锻炼机会，影响孩子动手、独立做事等能力的发展。

16. 两代人教养孩子有分歧怎么办?

无论是孩子的父母还是隔代家长，都想在基于爱的基础上把孩子教育好。但由于各自成长经历和年龄的差异，两代人在教养孩子的问题上往往会存在一定程度的分歧。遇到这种情况，可结合以下四个方面解决：

第一，多沟通，明利害。遇到问题，年轻父母应该耐心与老人沟通，说清利害，委婉表达，必要时做出妥协和让步；老年人要明白，疼爱孩子需适度，否则就是溺爱，莫让孩子变得越来越骄纵任性、自以为是。

第二，达成统一战线。隔代教育最怕的就是父母忙着管教，老人跟着拆台，这样不仅不利于维护父母在孩子面前的威严，还会让孩子分不清是非，在犯错时抱有一丝侥幸。为此，管教孩子时两代人要尽量达成统一战线，即使意见不统一也不要当着孩子的面暴露出来。

第三，坚守原则性问题。教育孩子的过程中涉及原则性问题时，决不能妥协，不然孩子会认为犯错后有爷爷、奶奶做靠山，就会有恃无恐、明知故犯、屡教不改。有些“聪明”的孩子会利用老人的“庇护”去逃避责任和惩罚。所以，在原则性问题上一定要坚守阵地。当然，要与长辈做好事前或事后沟通工作，不能因此伤害感情。

第四，勇于承担责任。不管老人多么优秀，作为年轻父母不要忘了教育孩子是自己最主要的责任，而不是老人的“本职工作”。每个孩子的成长只有一次，一旦错过不能再来，年轻父母不要以忙为借口做起“甩手掌柜”。孩子内心都渴望获得父母的陪伴、关心和疼爱，如果长期缺失情感交流，孩子容易自卑，还会缺乏安全感，等到孩子暴露出一些心理健康问题时，父母再后悔为时已晚。

17. 新时代如何建设好家风？

新时代建设好家风，最重要的有五个方面：

第一，从中华传统家庭美德中汲取有益内容。中华民族历来重视家庭，数千年来积淀形成了在家尽孝、为国尽忠，尊老爱幼、妻贤夫安，母慈子孝、兄友弟恭，耕读传家、勤俭持家，知书达理、遵纪守法等传统家庭美德。这些传统家庭美德，是我们建设好家风的重要内容，需要每个家庭积极汲取并发扬光大。

第二，在家风建设中培育和践行社会主义核心价值观。社会主义核心价值观包括“富强、民主、文明、和谐；自由、平等、公正、法治；爱国、敬业、诚信、友善”，分别属于国家、社会、个人三个层面。我们要把社会主义核心价值观贯穿于家风建设的全过程之中，保证家风建设的正确方向。

第三，通过长期培育和践行来稳定优良家风。家风是在家庭生活实践中慢慢形成的，只有持续不断地行动，才能形成一个家庭共性的价值观、稳定的风气。这个过程往往需要几年、十几年甚至几十年的努力。所以，每位家长都要树立目标，坚定信念，通过自己的言传身教，持续不断地为良好家风的形成付出努力。

第四，家庭成员共同参与。家风建设不是一两个人一时一事的努力，而要全家动员齐上阵。老人要宣扬好家风，父母要示范好家风，子女要践行好家风，孙辈要传承好家风。只有这样，才能把好家风发扬光大。

第五，弘扬新时代家庭美德。家庭美德主要包括尊老爱幼、男女平等、夫妻和睦、勤俭持家、邻里团结。这五个方面，既是对中华优秀传统文化的继承，又符合新时代的要求，可以作为好家风建设的主要内容加以弘扬。

18. 家风对家庭道德建设有什么价值?

习近平总书记指出：家风是社会风气的重要组成部分。

家庭不只是人们身体的住处，更是人们心灵的归宿。家风好，就能家道兴盛、和顺美满；家风差，难免殃及子孙、贻害社会，正所谓“积善之家，必有余庆；积不善之家，必有余殃”。

家风，是一个家庭的精神内核，是家庭在世代繁衍的过程中逐渐形成的相对稳定的生活作风、道德规范以及待人处世的方式。它引导后人前行、支撑家庭前进、延续家族辉煌，是家庭道德的基本标识。好家风对家庭道德建设来说有三方面的价值：

第一，家风促进家庭成员价值观的形成。家风对于家庭成员世界观、人生观、价值观的形成有着重要影响。好的家风可以为家庭成员正确价值观的形成奠定基础，引领家人向上向善；不良的家风则会扭曲家庭成员的价值观，进而败坏社会风气，贻害无穷。

第二，家风促进家庭成员的道德规范。好家风对家庭成员道德规范的形成有着积极的引导作用。一方面，父母倡导好家风并身体力行、率先垂范，会对子女产生潜移默化的影响；另一方面，子女通过内化良好家风，能形成科学的世界观、积极的人生观、正确的价值观。

第三，家风促进家庭道德的延续和传承。好家风作为优秀的家庭道德文化，是持续引领家庭走向辉煌的强大信仰支柱。历史上有些家庭好的家风，被概括和凝结成了家训，供后人世代遵守，使得家庭长盛不衰。

19. 为什么要传承红色家风？

红色家风是中华民族优良传统家风的时代表达，也是中国共产党人在长期的革命建设实践中培育和形成的宝贵财富，蕴含着马克思主义的思想精髓，汇聚着革命先辈修身齐家的经验智慧，诠释着中国共产党人的革命信仰与道德风貌。

新时代传承和弘扬红色家风具有三方面的价值：

第一，传承红色家风有利于培育下一代的理想信念。传承红色家风要始终坚持马克思主义科学理论指导，引导家人对党忠诚，为实现共产主义远大理想和中国特色社会主义现代化而奋斗。学习弘扬红色家风是孩子成长道路上重要的人生功课，是全体家庭成员强大而持续的动力源泉。

第二，传承红色家风有利于在家庭中树立和践行社会主义核心价值观。培育和践行社会主义核心价值观要从家庭做起，推动社会主义核心价值观在家庭落地生根。红色家风与社会主义核心价值观高度契合，传承红色家风，是让家庭成员将社会主义核心价值观的要求内化于心、外化于行的过程。

第三，传承红色家风有利于坚定文化自信。红色家风继承和发展了中华民族传统文化中的精华。红色家书、家训，是革命先烈和老一辈无产阶级革命家在战争年代为家庭留下的宝贵精神遗产，对中华优秀传统文化中倡导的精忠报国、家国情怀、忠孝节义、修齐治平等进行了具象化的升华，充分展现出中华优秀传统文化的巨大生命力和感召力。

传承红色家风会让我们更加敬慕古圣先贤、仁人志士和革命先烈，让我们内心充满巨大的精神力量。

20. 如何利用家庭会议涵养好家风？

家庭会议是家庭成员一起商议家庭事务、解决家庭问题、沟通信息、加深感情的机会，也是形成家庭文化、增强家庭凝聚力的重要途径。家庭会议具有教育功能，也能促进良好家风建设。

开好家庭会议要遵循平等、理解、尊重三大原则。一般的家庭会议可以轻松愉悦地进行，形式要灵活。要根据需要先进行角色分工，可以安排主持人、计时员、书记员、监督者、后勤保障员、摄影师等。家庭会议的环节大致是：主持人致谢、家庭成员感恩、主题讨论、头脑风暴平等发言、解决问题、家庭娱乐活动（游戏、享用甜点等美好时光）、主持人总结、书记员展示会议记录、成员签名、拍照留念等。

无论何时，都不要把家庭会议开成对孩子的批斗会，切记家庭会议不是一个说教、控制孩子的手段。崇德向善，加深亲情，互通信息，解决问题才是主线。家庭会议要营造“爱”的场域，有一定的仪式感，这样做为了让其更具教育意义。会议记录和合影要保存下去，这是重要的家庭精神财富，非常有利于良好家风的形成和传承。

第二章　以立德树人为根本

21. 如何培养孩子的健康人格？

人格是指一个人的性格、气质、能力等特征的总和，通常也指个人的道德品质。健康人格包含良好的自我意识、社会适应能力、良好的情绪状态。在家庭教育中，影响孩子人格形成的因素很多，比如家长的人格特征、教养方式、家庭环境等。培养孩子的健全人格，父母可以这样做：

第一，建立积极的家庭环境。家庭氛围要轻松愉悦、积极上进。家庭成员之间应该彼此尊重和关心，使每一个人都能够感受到爱、理解和支持。

第二，帮助孩子提升自尊。父母应该鼓励孩子勇于表达，并认真倾听他们的观点和感受，当孩子犯错误时，给予理解、安慰和指导，而不是批评、指责或惩罚，让孩子感受到父母对他的接纳是无条件的，这样孩子就学会了自尊。

第三，培养孩子的独立性。父母教会孩子学会如何照顾自己，并鼓励他们尝试新事物，这有助于孩子形成自主性和自信心。

第四，培养孩子的社交能力。父母应该鼓励孩子与同龄人互动，并帮助他们学习如何与他人合作和分享，建立良好的人际关系。

第五，培养孩子的责任感。父母可以有意识地给孩子分配一些家务或其他任务，让他们学会承担责任。

第六，培养孩子的情绪管理能力和同情心。家长要帮助孩子提升情绪理解能力、情绪表达能力和情绪管理能力，教会孩子在表达自己情绪时保持对他人的尊重。同时要鼓励孩子主动关心他人，指导孩子学会如何表达共情和关心。

22. 如何培养孩子的感恩心？

感恩是对他人的帮助和恩惠由衷地表示感激，是一种积极的、健康的情感。在培养孩子的感恩心方面，家长要做到以下六点：

第一，给孩子树立榜样。家长首先要做心怀感恩的人，对别人的帮助要及时表达感激，对生活中的美好事物心存感恩，并经常主动做一些回报社会的事情，如参加公益劳动、关心和帮助他人等。

第二，教育孩子珍惜别人的劳动。从孩子小时候开始，就要教育他们珍爱物品、尊重他人的劳动成果，让孩子知道物品的来之不易，以及人们为了他们的幸福生活所付出的艰辛努力。

第三，创造机会让孩子付出。给孩子创造机会，让他们为家庭或社区作出贡献。例如，让他们帮忙做家务、照顾弟弟妹妹、参加志愿者活动等。当孩子意识到自己的付出对他人有益时，他们更容易产生感恩的情感。

第四，鼓励孩子及时表达感激。当孩子受到他人的帮助或收到礼物时，鼓励他们及时、真诚地表达感激之情。日常生活中也要养成说“谢谢”的习惯。

第五，分享感恩时刻。设定固定的“感恩时间”，如三餐时、睡前等，让家庭成员轮流分享当天感受到的值得感恩的事情。这样不但引导孩子关注了生活中的美好瞬间，也增进了家庭成员之间的交流，密切了家庭关系。

第六，培养延迟满足能力。结合孩子性格，教育孩子理解并接受不是所有愿望都能立即得到满足，要学会等待。通过设置合理的期待和奖励机制，让孩子在获得想要的东西之前付出努力或等待，体验来之不易的喜悦，从而学会感恩。

23. 如何培养孩子强身健体的意识？

培养孩子强身健体意识要从五个方面做起：

第一，要让孩子明白健康的重要性，让他们知道拥有一个强健的体魄是实现人生目标的基础。

第二，家长要通过亲身示范来影响孩子，比如全家共同形成早睡早起的好习惯，积极参加体育锻炼，让孩子看到父母如何注重自己的身体健康。

第三，家长要鼓励孩子参加各种体育活动和户外运动，让他们体验运动的乐趣，培养他们对运动的兴趣。

第四，指导孩子合理健康饮食，做到营养均衡，避免摄入过多高热量、高脂肪和含有各种食品添加剂的食物。

第五，家长要给予孩子足够的支持和鼓励，让他们在面对运动挑战时能够保持积极的心态，从而逐渐养成强身健体的好习惯。耐心和坚持是关键，需要家长与孩子共同努力，帮助孩子练出健康的体魄。

24. 如何对孩子进行爱国主义教育？

在家庭中积极开展爱国主义教育对孩子成长的影响是巨大的。家长要积极引导孩子树立正确的理想、信念和人生观、价值观，帮助孩子理解并形成对祖国的尊重、热爱和忠诚，为形成良好的道德人格打下坚实基础。在家庭中对孩子进行爱国主义教育，家长可以这样做：

第一，以身作则，示范爱国行为。在家庭中，家长自身应展现出对祖国的尊重和热爱，如关心国家大事、遵守法律、积极履行公民义务等，让孩子时刻感受到爱国主义的氛围。

第二，为孩子讲述中华民族的悠久历史和灿烂文化。通过讲故事，让孩子了解祖国的悠久历史和民族精神，激发孩子的民族自豪感。引导孩子学习和欣赏中华民族优秀传统文化，增强他们对中华文化的认同感和归属感。

第三，关心国家大事。及时关注国内外发生的新闻事件，尤其是我国与他国之间的重大事件，观看央视述评，激发孩子的家国情怀和立志建设祖国、为国争光的使命感和责任感。利用各种渠道，让孩子了解祖国的成就和进步，了解为国家作出贡献的优秀人物，培养孩子报效祖国的远大理想。

第四，培养孩子的公民意识。教育孩子要关心社会和他人，通过与孩子讨论社会问题、参与社区活动和投票等方式，让孩子了解公民的权利和责任。

第五，教育孩子尊重国家的象征。教育孩子尊重国旗、国徽、国歌等国家象征，增强国家认同感，在日常点滴中厚植爱国主义情怀。

25. 如何培养孩子礼貌待人的品行？

中国是礼仪之邦，礼是人得以立足社会的基础，也是建立良好人际关系和提高社会适应能力的重要保障。在家庭中，家长参照以下方法做，可以把孩子培养得谦恭有礼：

第一，教会孩子基本的礼仪和礼貌用语。家长以身示范，教会孩子打招呼、问好、道谢、道歉等基本的礼仪常识，教授并鼓励孩子惯用“您好”“谢谢”“请”“再见”等礼貌用语。引导孩子根据不同场合和对象调整语言表达，如对长辈使用敬语，对陌生人保持友好但不失分寸的交谈等，可以帮助孩子在人际交往中表现得更加得体。

第二，鼓励孩子参与社交活动。家长可以带领或鼓励孩子参加一些聚会等活动，让他们在实践中学习如何与人交往和互动。在这些活动中，家长可以引导孩子学习如何表达自己的看法，以及如何尊重他人的意见。

第三，培养尊重意识。教育孩子尊重他人的人格、观点和边界，不打断他人讲话，不在背后议论他人，不侵犯他人私人空间。鼓励孩子换位思考，理解并尊重他人的感受，避免冒犯或伤害他人。

第四，奖励孩子的礼貌行为。当孩子表现出礼貌待人的行为时，家长及时给予奖励和肯定，并激励他们继续保持良好的行为。对孩子的不礼貌行为，如顶撞、抢夺、大声喧哗等，应立即温和而坚定地指出并解释为何这种行为不妥，引导其做出正确选择。对于孩子无意间的失礼，如忘记说“谢谢”或“对不起”等，应提醒他们补上，培养其对自己行为负责的习惯。

26. 如何培养孩子积极的人生态度？

现实中有的孩子缺乏目标和抱负，面对挑战时消极应对甚至逃避，令家长很忧心。家长可以通过以下方法培养孩子的上进心，使其形成积极的人生态度。

第一，帮助孩子设定明确的目标。目标制定要体现以下几个原则：

明确性原则。如“我要把800米提速到3分49秒以内”。

可衡量性原则。如“我每天要在操场跑步30分钟”，这个30分钟就是可衡量的。

可接受性原则。设定的目标要有挑战性，但一定是可达成的。如“我每天要加背10个单词，做一篇阅读理解”。

可实现性原则。设定的目标要和任务相关联。如“为了使英语提高15分，从现在起，我每天要加背10个单词，做一篇阅读理解”，而且难度要逐渐增加。

时限性原则。规定好设定目标达成的时间。如“为了在下个月 3 号的考试中英语提升 15 分，从现在起，我要每天加背 10 个单词，做一篇阅读理解”。

第二，鼓励孩子尝试新事物。鼓励孩子尝试不同的活动，帮助他们发现自己的潜力和兴趣所在，提供机会让他们参加各种课外活动、社区服务或竞赛，不断学习新知识和技能，以提高自己的能力和竞争力。

第三，培养孩子的自主能力。让孩子学会独立思考和解决问题。给他们一定的自主权，允许他们在适当的范围内作决策，帮助他们建立自信心和责任感，从而增强上进心。

第四，培养孩子的抗挫能力。教会孩子如何面对挫折和失败。鼓励他们从失败中汲取教训，学会调整策略并继续努力。帮助他们建立积极的心态，以应对未来的挑战。

27. 怎样教会孩子拒绝别人不合理的要求？

拒绝别人的不合理要求，是一种常见的社交情境，需要勇气和谨慎。如何才能有效地拒绝他人并维护良好的关系，是需要一些技巧的。

第一，帮助孩子建立自信心。让孩子知道自己的权利和利益是重要的，自己有权利拒绝他人不合理的要求。鼓励孩子相信自己的判断力，知道拒绝别人并不代表自己不好或自私。

第二，教会孩子明确表达拒绝。告诉孩子，表达自己的拒绝一定要明确，用“不”“我不愿意”等简单明了的词语，不可模棱两可；同时，也要教他们如何解释自己的理由和立场，以避免产生误会或冲突。

第三，引导孩子理解别人的立场。让孩子明白，拒绝别人并不意味着对方是坏人或怀有恶意，有时候，别人提出不合理的要求，可能因为他们不了解自己的感受或情况。教孩子理解和尊重别人的立场，才更有利于让孩子明白“己所不欲，勿施于人”的道理。

第四，教给孩子一些拒绝技巧。例如提出替代方案、解释自己的理由、提供其他帮助等。这些技巧可以帮助孩子有效应对不同的情况。

28. 如何培养孩子规律作息的习惯？

规律作息可以提高人体免疫力，增强记忆力，促进身体健康，提高生活质量。建立了良好的生物钟，对身心健康能够产生积极的影响。

第一，帮助孩子做好明确的日程安排。为孩子明确日程安排，包括起床、睡觉、吃饭、学习、娱乐等活动的时间表，让孩子清晰每项活动的时间节点，尽量让每天的日程保持规律。

第二，为孩子创造一个安静、舒适的睡眠环境。避免在睡前进行兴奋性的活动，如看电视、玩电子游戏等。同时，要确保孩子的床铺舒适，并且符合他们的个人喜好。

第三，培养良好的睡前习惯。小一点的孩子可以在父母的“睡前故事”中入眠，大一点的孩子可以尝试听轻柔的音乐、洗个热水澡、做些放松的瑜伽动作等帮助身体和精神放松，进入良好的睡眠状态。注意不要在睡前进行剧烈运动，以免影响睡眠。

第四，规律饮食。为孩子提供规律、均衡的饮食，适当补充一些营养素，例如维生素B群、钙、镁等，确保他们获得足够的营养和能量。避免过度食用零食和高糖饮料等不健康食品，尽量少吃或不吃夜宵，也有助于养成良好的、规律的作息习惯。

29. 如何培养孩子的社交能力？

社交能力是指人们在社会交往中表现出来的能力，包括与他人建立关系、沟通交流、处理冲突等方面的能力。良好的社交能力可以增强人的社会适应能力，促进人际关系的发展，提高生活、工作和学习效率。

第一，增强自我认知。了解自己的优点和不足，学会在社交中展现自己的优点，同时接受并尊重他人的不同观点和看法。

第二，鼓励孩子与同龄人互动。小学高年级以前，孩子最重要的关系是亲子关系、师生关系。进入青春期，同伴关系变成孩子生活中更重要的关系。家长要提供机会让孩子与同龄人一起玩耍、学习和交流。在社交中，难免会遇到各种冲突，家长要教会孩子如何识别和处理人际冲突，如通过沟通、协商或寻求第三方帮助来化解矛盾。可以与孩子讨论一些常见的冲突情境，并引导他们思考解决方案，避免情绪失控，保持冷静和理智。教孩子学会在冲突和分歧中寻求和解，让他们明白和解是实现共同目标的重要手段。通过模拟冲突情境，引导孩子学会如何协商并妥善解决问题。

第三，培养良好的沟通技巧。教孩子如何与人沟通，包括倾听、表达和提问的技巧。比如3F沟通法，具体步骤：一是描述事实，二是表达感受，三是聚焦解决。表达感受时要多说“我……”，少说“你……”，尽量避免对方产生被指责的感觉。倾听时，要注视对方的眼睛，配合点头等肢体动作，切不可东张西望，表现得心不在焉。

第四，培养孩子的合作精神。**给孩子提供合作机会，鼓励孩子积极参与其中**，引导孩子学会合作与分享，让他们感受合作的愉快，强化合作行为，明白合作可以拥有更好的人际关系，加强合作意识，提升合作能力。

第五，教给孩子社交规则。教孩子了解具体的社交规则，如轮流、等待、尊重他人的权利等，让他们学习在社交场合中如何既主张自己的权利又尊重他人的具体方法。

30. 如何提升孩子的审美能力？

一个人的审美能力与其思想的丰富性、生活的趣味性息息相关。家长要做的，就是帮助孩子提升发现美、欣赏美和创造美的能力。

第一，给孩子提供多元的艺术体验。让孩子接触不同的艺术形式和风格，如绘画、音乐、舞蹈、戏剧等，让孩子感受到艺术的魅力，培养兴趣的同时，提高艺术素养。

第二，鼓励孩子阅读文学作品，开阔视野，了解世界，洞察人性，提升对美的感知力。

第三，鼓励孩子表达自己的审美观点。与孩子讨论他们喜欢的艺术品、音乐、电影等，并鼓励他们表达自己的审美观点，有助于孩子形成自己的审美标准、鉴赏及表达能力。

第四，培养观察和感知能力。引导孩子观察周围的事物，如自然景观、建筑、人物等，引导他们发现美、欣赏美。鼓励孩子通过写作、绘画、摄影、音乐等方式来创造美。

第五，提供个性化的艺术指导。每个孩子都有不同的艺术兴趣和天赋，可以为孩子提供个性化的艺术指导，帮助他们更好地发展自己的审美情趣和能力。

31. 如何培养孩子坚持的品质？

很多孩子对做事充满热情，但往往是三分钟热度，不能长久地坚持。针对这种情况，家长可以这么做：

第一，设定合理的目标。与孩子一起设定具体、可达成、有挑战性的目标。目标应根据孩子的年龄、能力和兴趣设定，确保既不会过于简单，也不会遥不可及，让孩子在努力后能感受到成功的喜悦。

第二，分解任务。对于复杂的任务或长期目标，帮助孩子将其分解为一系列小步骤，每完成一步都给予肯定和鼓励。这样既能降低孩子的畏难情绪，又能让他们看到进步，增强坚持下去的信心。

第三，鼓励试错。创造一个允许失败、鼓励尝试的环境，让孩子明白失败是学习的一部分，是通往成功的必经之路。

当孩子遭遇挫折时，引导他们从失败中吸取教训，调整策略，而不是轻易放弃。

第四，赞美过程而非结果。表扬孩子在完成任务过程中展现出的努力、专注、创新等品质，而非仅仅关注结果的成功与否。这样可以让孩子认识到，坚持的价值在于过程中的付出和收获，而非单纯的结果。

第五，培养耐心与毅力。通过一些需要持久专注和耐心的活动，如拼图、绘画、乐器练习、阅读长篇小说、种植花草等锻炼孩子的耐力，让孩子明白许多有价值的事情都需要时间积累和持续努力。

第六，提供适度支持。在孩子遇到困难时，家长应提供必要的指导、资源和情感支持，同时避免过度介入，让孩子有机会独立面对和解决问题，体验克服困难后的成就感。

32. 如何培养孩子的适应能力？

适应能力是孩子应对变化和挑战的重要能力。在家庭中，培养孩子的适应能力可以从以下五个方面入手：

第一，提供多元化的体验。让孩子接触不同的环境、人和事物，让他们去感受和体验，学习和适应不同的情境和挑战。可以带孩子去旅行、参观博物馆、参加社区活动等，让他们接触不同的环境和文化。小一点的孩子可以通过角色扮演游戏，模拟不同的情境和角色；对于大一点的孩子，尝试独立面对和解决不同的问题，必要时家长提供帮助。

第二，鼓励孩子面对变化。当孩子面对变化，比如升学、转班、住宿等情况时，可以与孩子一起讨论变化的原因和影响，讨论可能遇到的困难和可以利用的资源，并帮助他们找到解决问题的方法。

第三，培养解决问题的能力。帮助孩子学会解决问题的方法和流程，如分析问题、提出解决方案、实施计划、总结反思等。

第四，培养灵活思维能力。鼓励孩子从不同的角度思考问题，转化新的思维方式，并尝试寻找多种解决方案。

第五，锻炼孩子的成长型思维。相对固定型思维而言，成长型思维认为人的能力、才华、智力并非固定不变，而是可以通过努力、学习、经验和反馈不断发展和提升的。鼓励孩子将挑战视为成长的机会，愿意接受并克服难题，重视过程而不只是关注结果或成绩，将失败看作学习的一部分而非最终的结局。当孩子面临困难时，要为孩子提供具体的、建设性的意见反馈。

33. 如何培养孩子勤俭节约的习惯？

当前，物质条件日益丰富，勤俭节约的良好传统屡屡受到挑战。在当今的时代背景下，要培养孩子勤俭节约的习惯，家长可以这样做：

第一，给孩子讲明白勤俭节约的时代意义。引导孩子了解地球资源的有限性和过度消耗会导致资源枯竭的道理，以及在经济压力较大或不确定性增加的情况下，良好的节约习惯能够提升抵御风险的能力，提高生活品质。

第二，做好简朴生活示范。父母要以身作则，示范俭朴生活的态度和行为，如合理购物、节约粮食、节约水电、物尽其用甚至废物利用等，让孩子在潜移默化中接受节约观念。

第三，引导孩子合理消费。可以与孩子一起制订购物计划，在购物前思考是否真正需要购买该物品，购买真正需要的物品时要选择性价比高的产品。同时，对于社会上流行的一些教育观点要加以理性分析，学会科学取舍。比如，家长不应盲目迎合“富养女儿”的观点，在金钱上一味满足女孩的所有需求，这有可能会造成女孩长大后爱慕虚荣、骄奢浪费的不良后果。在这方面家长要适可而止，关键是在观念上多对孩子加以正确引导。

第四，培养孩子的理财观念。向孩子讲解有关金钱和财务的知识，帮助孩子建立理财观念，让他们明白金钱的价值和重要性。与孩子一起制订零花钱管理计划，引导他们学会储蓄和投资。让孩子了解家庭的财务状况，与孩子一起讨论家庭的开支和储蓄计划，鼓励他们提出自己的建议和想法。

第五，教育孩子珍惜资源。家长与孩子一起探讨如何有效地利用资源，鼓励孩子修补和再利用身边的物品，如衣物、玩具等。教育孩子建立回收意识，将可回收的物品分类整理，捐赠给需要的人或组织。

第六，给孩子提供实践机会。鼓励孩子参与家务劳动，如打扫房间、洗碗等，让他们学会承担责任，体验劳动的快乐，意识到劳动的价值，从而更加珍惜劳动成果。

34. 如何培养孩子的自律品质？

自律是实现目标、提升效率、塑造良好习惯最重要的心理品质。如何做到自律呢？

第一，要引导孩子在自己喜欢的事情上开始学习自律。大家会发现，明明不想去做的事，如果为达目的经常逼迫自己去做，就会觉得特别痛苦。针对这种现象，那就不妨从自己喜欢的事情上开始学习自律。比如，为了改变一个爱看书的孩子早晨赖床的习惯，就可以把阅读时间调整到早上，早起10分钟开始，逐步延长到15分钟、20分钟，循序渐进地养成早起的习惯。

第二，及时正向反馈。所有的坚持都是需要动力的，任何行业、任何事情，如果一个人投入的精力看不到回报，或者回报周期很长，那么他坚持的决心就会减弱，直到最后放弃。自律也是如此，学会正向反馈，适当地给自己奖励，就让自己有坚持下去的动力。比如，对一个课上坐不住的孩子，可以把一节课分成若干个10分钟，每当在课上坚持10分钟的时候，可以让他奖励自己一下，比如画一颗星星，当积累的星星达到一定数目时，就可以给自己一个大的奖励。

第三，不因一时的反复而放弃。在坚持的过程中，会有偶尔的反复或者倒退，这时候往往会产生负面的想法，比如，我坚持了这么久都完不成，再坚持也没有意义了。这时候，最重要的是帮助孩子接纳自己，不要因一时没做到就全盘否定自己，只要重新开始就可以了。

第四，他律与自律结合。让孩子邀请父母、老师或同学，对自己多加注意和监督，一有松懈的苗头马上制止，时间一长自然会养成自律的好习惯。

35. 如何培养孩子爱分享的品质？

生活中很多孩子不爱分享，这是成长过程中常见的现象，与他们的年龄、认知发展、情感需求等因素有关。作为家长，可以通过以下策略引导和培养孩子的分享行为：

第一，理解与接纳。家长要了解孩子的心理特点，知道幼儿期的孩子往往处于“自我中心”阶段，难以理解他人的感受，认为自己的东西就是自己的，不愿分享是很自然的表现。因此，家长应理解孩子的感受，并接纳孩子的情绪，不强迫他们分享，以免引起孩子的反感或恐惧。

第二，示范与模仿。父母是孩子的榜样，通过日常生活中主动分享的行为，如分享食物、玩具、故事等，让孩子看到、感受到分享的乐趣和价值。同时，讲述关于分享的故事或观看相关的动画片、绘本，让孩子在模仿中学习分享。

第三，体验分享的快乐。创造机会让孩子亲身感受到分享带来的积极反馈。例如，鼓励他们在幼儿园、亲子活动中与小伙伴交换玩具、轮流玩某个游戏，或者合作完成一项任务。当孩子看到分享能使大家更开心、能增进友谊时，他们就会愿意主动分享。

第四，设定规则与界限。设定一些家庭规则，如公共玩具必须分享，但每个人都有自己特别珍爱的私人物品可以暂时不分享。这样既是对孩子的尊重，也引导他们区分共享与私有，理解分享并不是无条件的出让。

第五，引导情绪表达。当孩子因为不愿分享而产生冲突时，帮助他们用语言表达自己的感受，如“我现在还不想分享这个玩具，因为它对我很重要”，教会孩子礼貌地拒绝，同时学会理解和尊重他人的拒绝。

第六，渐进式练习。从孩子比较容易接受的物品开始练习分享，如多余的零食、不爱玩的玩具等。随着孩子逐渐适应，再逐渐过渡到他们更珍视的物品。家长要对孩子每次成功的分享经历都给予肯定和赞扬，以增强他们的自信心和分享意愿。在培养孩子分享品质的过程中，家长要注意分辨孩子分享的背后原因，引导孩子树立和坚持正确的交友观和交友之道，避免出现讨好型分享行为。

36. 如何培养孩子的读书习惯?

培养孩子的读书习惯是一项长期的任务，需要父母的耐心引导。

第一，创造阅读环境。为孩子创造一个安静、舒适的阅读环境。可以在家里设立一个专门的阅读区域，提供适合孩子年龄的书籍，让孩子感受到阅读的氛围。

第二，固定阅读时间。安排固定的阅读时间，如睡前故事时间或周末阅读时间，这样可以让孩子养成定时阅读的习惯。

第三，提倡亲子共读。父母可以与孩子一起阅读，选择适合孩子年龄的书籍，共同讨论书中的内容，这样可以增强孩子的阅读兴趣，帮助他们更好地理解图书内容。当孩子开始识字时，鼓励他们自主阅读，家长提供适当的指导和帮助，可以锻炼孩子的独立阅读能力，提高他们的阅读技能。

第四，多样化阅读。提供不同类型的书籍，包括绘本、故事书、科普读物、历史书等，这可以帮助孩子扩大知识面，培养他们的阅读兴趣。

第五，引发主动思考。在孩子阅读后，可以引导他们思考书中的内容，提出问题和想法，可以帮助孩子深入理解图书，培养他们的思考能力，让孩子有机会运用书中的知识解决实际问题。

第六，参加读书活动。鼓励孩子参加学校的阅读俱乐部或社区的阅读小组，与其他孩子一起阅读、讨论和分享。鼓励孩子参加图书馆或学校组织的阅读活动，如朗读会、故事会、讲座等，拓宽他们的阅读视野，提升他们的综合能力，让孩子切实感受阅读带来的快乐与力量。

37. 如何培养孩子的劳动习惯?

培养孩子的劳动意识和技能是帮助他们提升独立生活能力和良好的社会适应能力的重要一环。培养孩子的劳动意识和技能，使之形成劳动习惯，父母可以这样做：

第一，为孩子创造劳动机会。为不同年龄的孩子布置其力所能及的不同的家庭劳动任务。例如，可以让孩子帮忙打扫房间、洗自己的衣物、收拾碗筷、做简单的饭菜等，让他们从小树立劳动意识、强化劳动观念。引导孩子长期坚持做力所能及的家务，逐渐养成劳动习惯。

第二，借助游戏和活动学习劳动技能。游戏是孩子的天性，家长可以通过游戏和活动的方式，如组织家庭清洁比赛、物品整理比赛等，让孩子在轻松愉快的氛围中学习和提高劳动技能。

第三，引导孩子理解劳动的意义。与孩子讨论劳动的意义和价值，让他们明白劳动对于个人和社会的重要性。

第四，让孩子体验合作式学习。与孩子一起完成家庭任务，既可以增进亲子关系，又可以让孩子主动学习劳动技能，体验合作的快乐及过程中的成长感、成就感。

第五，引导孩子在劳动中创新。鼓励孩子在劳动中发挥探索精神，如尝试新的家务方法、发明创意实用的工具等，培养孩子的创造力和解决问题的能力，让他们体验到劳动除了辛苦，更有乐趣和意义。

38. 如何让孩子学会良性竞争？

社会中存在竞争是很正常的事情，但有的家长经常会无意识地拿自己的孩子和其他孩子进行比较，这会对孩子的心理和人际关系产生负面影响，非常容易引发孩子的嫉妒心理。为帮助孩子学会良性竞争，提出以下建议：

第一，理解和接纳孩子的情感。首先要理解孩子的嫉妒情绪是合理的，不要将其视为错误或不良行为。接纳孩子的情感可以让他们感到被看见、被理解和被支持。

第二，建立积极的自我价值感。鼓励孩子发展自己的兴趣和技能，让他们感到自己的价值。通过肯定和鼓励，帮助孩子建立自信心和积极的自我形象。

第三，引导孩子正确看待成功和失败。教育孩子平常心态对待成功和失败，怎样都是正常的，获得成功时可以体验自豪感，遭遇失败时要保持理性，以积极和不气馁的态度平静面对现实。

第四，设定合理的期望值。与孩子一起设定合理的期望值，并帮助他们理解每个人都有不同的能力和表现。结合多元智能理论帮助孩子了解自己的优势能力，切忌盲目比较。学习上不过度强调成绩或结果，而是鼓励孩子根据自己的进步和努力程度作出客观的自我评价。

第五，寻求专业帮助。如果孩子的嫉妒心持续存在或严重影响到日常生活，可考虑寻求专业心理咨询或治疗。专业人士可以帮助孩子学会如何应对嫉妒情绪，并提供有效的解决方案。

39. 如何对孩子进行健康饮食教育？

培养孩子健康的饮食习惯，需要从多个方面入手：

第一，规律饮食。让孩子养成定时定量饮食的习惯，避免过量进食，以免摄入过多的热量和脂肪。创造良好饮食环境，合理安排饮食时间，让孩子有足够的时间享受食物和放松身心。鼓励孩子学习进餐礼仪，进食时细嚼慢咽，饭桌上不大笑大闹，以免发生身体不适甚至危险。

第二，多样化饮食。鼓励孩子尝试摄入多种不同的食物，包括蔬菜、水果、全谷类、蛋白质和健康脂肪等，这样可以确保孩子获得全面的营养。尽量避免给孩子食用过度加工食品、高油脂食物和高糖饮料，这些食物通常含有高热量、高油、高糖、大量添加剂等，危害孩子身体健康。鼓励孩子多喝水，以保持身体水分平衡。对于挑食的孩子，要为他们创造有趣的饮食体验，如参加美食节、家庭聚会中尝试新的菜肴等，都可以增加孩子对食物的兴趣。

第三，鼓励孩子参与食材选择和准备。让孩子参与食材的购买、烹饪和准备过程，有助于提高他们对健康食物的兴趣和认识。

第四，合理安排餐后活动。餐后半小时至一小时可安排适当的活动，有助于人体消化和食物代谢，但要避免剧烈运动。

第五，了解健康营养知识。通过书籍、网络资源或营养师等专业知识讲解，帮助孩子学习和了解营养知识。

40. 如何培养孩子爱整洁、有条理的好习惯?

看到孩子的屋子脏乱差时，家长可以采取以下措施：

第一，与孩子沟通。家长平和地与孩子沟通，了解他们没有整理自己的屋子的原因。可能是因为学习压力大、没有时间或者没有意识到这个问题……通过与孩子沟通，家长可以更好地理解孩子的情况，并给予适当的帮助和指导。

第二，帮助孩子学会收纳整理。可以与孩子一起制定整理屋子的规则和标准，如每天整理书桌、清理地面，明确每个物品应该放在哪个位置、如何分类等，让孩子明白自己的责任和义务，并且知道家长对他们的期望和要求。家长可以为孩子提供合适的收纳工具，帮助孩子更容易管理和存放物品，同时也可以提高他们的整理效率。教会孩子物品整理收纳的方法，家长可以示范如何进行物品分类、如何使用收纳盒等，但不要代替孩子完成这些任务，而是引导他们自己动手完成。

第三，让孩子体验收纳整理物品后所带来的舒适与整洁，同时认识到，除了享受这种好心情，还有利于日后能迅速找到所需物品，给生活提供极大的便利，也能提高生活质量。

第四，监督执行。家长要监督孩子执行约定好的规则和标准。如果孩子没有遵守规则，家长可以给予适当的惩罚或者提醒他们再次整理屋子。通过监督执行，可以让孩子逐渐养成良好的生活习惯和卫生习惯。

第三章　遵循家庭教育规律

41. 两岁半的孩子突然开始爱说“我不”怎么办?

孩子 2—3 岁时出现的叛逆行为常常以说“我不”的形式呈现，这是人生第一个叛逆期。这个时候的孩子特别需要尊重，面对孩子的“我不”，家长可以这样做:

第一，积极理解“不”这个词。孩子开始说“我不”，是孩子寻求自主、成功个性化的必经之路，也是可爱的、好玩的，家长可以试着用幽默的语言和方式予以化解。

第二，倾听并认可孩子的感受。理解孩子在当下情境中的感受，耐心与孩子沟通，引导孩子清晰表达并确认孩子的需求，会让孩子更容易接受家长所提出的建议。

第三，给予孩子选择的权利。通过让孩子提供帮助并让孩子作决定，让孩子有参与感，并且尊重他的选择。

第四，选择合适的语言交流方式。避免封闭式提问，即减少提出可以用“是”或“不”回答的问题，进而用一些选择来替代，并且避免命令式的表达。

第五，转移注意力。可以跟孩子换个话题或者尝试一项新的活动，以此转移孩子的注意力。

42. 幼儿任性、乱发脾气怎么办?

和成年人一样，孩子也会有各种各样的情绪感受，包括愤怒、沮丧等负面情绪，特别是当他们面临限制时。面对孩子的负面情绪及行为，家长可以应对如下：

第一，理解并认同孩子的感受。可以先给孩子一个拥抱、亲吻，告诉他“我感受到你现在很生气，你可以说一说是什么让你这么愤怒吗？”当孩子还辨别不出自己的感受时，可以让孩子做一次积极暂停，告诉他过一会儿说也没关系。

第二，进行启发式提问。家长可以运用启发式的提问，通过猜测问题，引导孩子思考自己的观点、行为，帮助孩子理解自己的感受，作为平息愤怒的手段。

第三，先处理好情绪再去引导。当孩子体会到自己的负面情绪感受，同时感受到被家长理解了，家长再适时引导他思考解决问题的办法，并表示你愿意为他提供帮助与支持，有利于孩子更好地平息负面情绪。

第四，家长要对自己的表达方式进行审视和内省。在日常生活中，家长可以有意识地觉察自己应对问题的方式。当家长用言语而不是通过发脾气来表达感受时，就为孩子做了很好的示范。

第五，对孩子的任性而为，家长要坚决说“不”。如果孩子的任性、乱发脾气是因为他坚持要做自己想做却不被家长允许的事而被家长制止，或是因为他的无理要求得不到满足而导致的，那么家长就要坚决地对孩子说“不”。有一种爱是约束的爱，甚至是让孩子痛苦一次的爱。当你对孩子狠心一次，以后你会省很多心，这就是育儿的辩证法。

这个过程要在孩子6岁之前完成，否则孩子将越来越难管。

43. 幼儿总是渴望被宠爱怎么办?

幼儿阶段的孩子自豪感开始出现，会做各种各样的事情来寻求父母对自我的关注和认可，但是过度地寻求关注可能会为家长制造一些麻烦。家长需要给予孩子所需要的关注与归属，但不是无休止的让步，可以参照以下方法：

第一，积极地倾听，处理孩子的错误想法。积极地倾听意味着进入孩子的内心世界，并猜测他可能有什么感受。

第二，关注和妥协。为过度关注设立一个界限，同时给孩子提供适当的关注，表达对孩子内在需要的理解和尊重，并提出自己的建议，最后达成一个共识。

第三，通过合作让孩子参与事情的发展。当家长邀请孩子们帮助和合作时，孩子们会表现出很大程度的配合与体贴。

第四，给孩子一个安慰的拥抱。用身体行为明确告知孩子“我很爱你，你在我的生命里非常重要！”，有时一个拥抱胜过千言万语。

第五，培养孩子取悦自己和自我安慰的能力。鼓励孩子学会自娱自乐，并且要让他认识到这是一个需要耐心和时间的过程，让他学会自己安排事情。

44. 如何培养幼儿的秩序感?

2—4岁是儿童形成秩序感的敏感期，也是孩子养成专注、秩序、独立、耐心、细心、整洁等良好习惯的关键期。秩序，不仅是指物品放在适当的地方，还包括遵守生活规律，理解事物间的时间、空间关系，以及对物体进行分类并找出它们之间的关系等。在翻看图书前，叮嘱幼儿懂得爱惜，一页一页轻轻地翻，不卷不撕；画画后把油画棒收拾整齐，清点支数；做体育活动时依次进行；音乐活动中动作要整齐。特别是在操作活动中，对幼儿使用、取放操作用具提出明确的要求，也是培养他们秩序感的方法之一。

外部秩序感的培养是孩子建立心理秩序的必要活动。幼儿园里有秩序、整洁、欢乐的教育环境，有规律的生活、人与人之间文明友爱的相互关系等，这是培养幼儿良好规则习惯和秩序感的重要资源和条件，对幼儿有潜移默化的影响。

孩子对外部环境建立了秩序感的同时，家长要注意培养孩子的逻辑思维和推理能力，使其逐渐形成内在的规律，这样幼儿内心的秩序感会慢慢建立起来，就能促使孩子们从他律向自律发展。

45. 小学生学习和生活总是依赖家长怎么办？

当下很多小学生不仅缺乏最基本的生活技能，学习上也常表现出对家长的过度依赖，例如做作业遇到不会的难题不是主动思考，而是习惯于等家长检查作业时讲解作业等。

其实孩子最初对家长的依赖仅仅是出于自身安全感的需求，尤其在没有生活自理能力时，由于家长寸步不离的照顾，孩子对家长的依赖程度逐渐加深。随着年龄的增长，当孩子开始有了自己的思想，家长对孩子的照顾和包办要逐步转化为示范和引导。现在大多家庭对于孩子是十分溺爱的，孩子的事情基本上由家长大包大揽了，几乎没有需要孩子自己动手的地方。如果什么事都帮孩子做了，犯了错也帮孩子去处理和解决，会使孩子失去独立的能力，对孩子今后的生活学习十分不利。

尤其很多家长只关心孩子学习，不重视其他能力的培养，认为孩子在家好好学习就可以了，其他什么都不用管，长此以往，孩子会逐渐失去主动做事的意愿、动手的能力、思考的能力、人际交往的能力和独自应对困难的能力等等，凡事都想依赖家长去完成。面对孩子依赖性强的问题，家长应反省自己是否存在溺爱或大包大揽的现象，找出原因并根据孩子的自身情况进行分析，然后有针对性地解决这个问题，帮助孩子独立自主。

当孩子遇到困难时，父母不应首当其冲帮孩子解决问题，而应该启发、引导、鼓励孩子积极面对，勇敢去克服。有时候孩子自己能解决问题，家长却担心孩子不能很好地解决或能否完美解决等。这种担心是没有必要的，因为人无完人，面对问题的解决，大人尚不能做到十全十美，何况是孩子。家长应相信孩子，让孩子在解决问题中完善自己，家长只需在背后予以支持和鼓励，让孩子拥有试错和发展的机会。

46. 如何发现和培养孩子的优势智能？

独特性具有一定的先天性，是人先天具备的资质。在生活中，家长如何更好地发现孩子的天赋呢？

第一，观察孩子最喜欢、擅长做哪方面的事。兴趣是最好的老师，孩子所热爱的事情中蕴含着他们的天赋、独特性。

第二，观察孩子对哪方面的事既学得快、完成得好，又有满足感。例如，当家长放歌曲的时候，如果孩子特别专注地听、默默地记歌词，很快就学会了，那么可以初步判断，孩子在唱歌或者语言方面是有一定天赋的。

第三，观察孩子有信心、愿意去尝试的事有哪些。有些事情孩子可能没尝试过，但是他们愿意尝试。比如，高空索道这种项目，有的孩子看到就会兴奋：“太刺激了，我想去试试。”

兴趣对于孩子未来成长的重要性不言而喻，但很多家长不知道如何发掘孩子的兴趣。我们可以从以下两个方面入手：

第一，多尝试、多接触。在尝试的过程中，孩子们可以通过实践来了解自己的能力，也可以通过实践更好地了解事物、了解世界，更利于孩子找到自己真正的兴趣所在。

第二，营造激发孩子兴趣的氛围。当孩子经常处于一个特定的环境和氛围中，自然会对其中的事物产生亲近感和熟悉感，那么他更容易从这个事物中获得成就感，关注点自然更多地往这个方向转移。

47. 在多子女家庭中如何培养好每个孩子？

在多子女家庭中，培养孩子需要综合考虑多个方面，家长主要应做到以下六点：

第一，建立公平的环境，确保每个孩子都感受到家庭的公平和温暖。家长应尽力避免偏袒某个孩子，而是要根据每个孩子的个性和需求，给予他们平等的关注和爱，因为每个孩子都需要情感上的支持和安慰。

第二，分配家务，让每个孩子都参与其中。这不仅能培养孩子们的责任感和独立性，还能增强他们的团队合作精神。同时，这也是一个让他们学会感恩和尊重他人的好机会。

第三，鼓励子女间沟通。建立良好的家庭沟通习惯，鼓励孩子们彼此分享想法和感受。这有助于减少误解和化解冲突，增强他们之间的亲密感。

第四，提供个别关注。尽管孩子们共享同一个家庭，但每个人都有自己的个性和需求。家长应该为每个孩子提供个别关注的时间和空间，了解他们的成长需求和问题，给予个性化指导和支持。

第五，设定清晰的规则。在多子女家庭中，明确的规则可以让孩子们了解哪些行为是可以接受的，哪些行为是不可以接受的。这有助于减少冲突和误解，维护家庭的和谐氛围。

第六，做到一视同仁。家长要避免因自身性格特点而下意识地偏向某种性格的子女，而冷落其他的子女。避免因成绩、气质类型等原因，对子女们进行比较，使子女间产生不良情绪，破坏亲子和子女间的关系。

48. 如何帮助孩子进行学业规划？

家长在帮助孩子进行学业规划时，结合孩子的优势智能是非常重要的。每个孩子都有自己独特的智能特点和潜在才能，了解并发挥这些优势，有助于孩子在学习上取得更好的成果。在这里提出以下五点建议：

第一，深入了解孩子的优势智能。家长可以通过观察孩子的日常表现、兴趣爱好和学习成绩等方面，初步判断孩子的优势智能。此外，也可以借助专业的智能评估工具，如多元智能测试等，更准确地了解孩子的优势能力。

第二，根据孩子的优势智能制订个性化的学习计划。例如，如果孩子具有出色的语言智能，家长可以鼓励孩子多阅读、多写作，参加朗诵、演讲等活动，进一步提升语言能力；如果孩子数理逻辑智能较强，家长可以引导孩子多进行数学问题的思考和探究，参加数学竞赛等活动，发展逻辑思维能力。

第三，家长要关注孩子的兴趣和需求。学业规划不仅仅是提高学习成绩，更重要的是激发孩子的学习兴趣和动力。因此，在制订学习计划时，家长要了解孩子的想法和意愿，确保计划既符合孩子的优势智能，又能满足他们的兴趣和需求。

第四，为孩子提供丰富的资源和支持。家长根据孩子的优势智能为他们提供相应的学习资源和环境。例如，为孩子购买适合他们阅读的书籍、提供参加兴趣小组或俱乐部的机会等。同时，家长也要在孩子遇到困难时及时地帮助和鼓励，增强他们的学习信心与决心。

第五，家长要定期评估和调整学业规划。孩子的智能和兴趣可能会随着时间和经历的变化而发生变化，因此家长要定期与孩子一起探讨学业规划，根据实际情况进行调整和优化。

49. 如何帮助孩子培养时间管理能力？

培养孩子的时间管理能力关系到孩子未来的学习、工作以及生活的质量。如何培养孩子的时间管理能力呢？

第一，设定明确的目标。与孩子一起制订每日、每周或每月的学习和活动计划，让他们清楚需要具体完成哪些任务。同时，为这些任务限定明确的时间，让孩子明白时间的宝贵。

第二，教孩子分解任务。将大任务分解成若干个小任务，并为每个小任务设定具体的完成时间。这样做有助于孩子更好地掌握任务的进度，也能让他们的成就感倍增。

第三，建立规律的作息习惯。为孩子设定固定的起床、吃饭、学习和休息时间，帮助他们形成良好的生物钟。这样，孩子就能更好地适应学习和生活的节奏，提高时间利用效率。

第四，引导孩子学会拒绝诱惑。当孩子面临各种娱乐和诱惑时，家长要教会他们如何权衡利弊，将注意力集中在重要任务上。此外，家长要以身作则，为孩子树立榜样。

第五，教会孩子使用工具。例如，可以使用日程表或待办事项清单等工具教会孩子更好地管理时间。这些工具可以帮助孩子更直观地了解任务的安排和进度，从而更好地规划和有效利用时间。

第六，给予孩子适当的奖励和鼓励。当孩子完成任务或取得进步时，家长要及时给予肯定和奖励，激励他们继续努力。同时，也要关注孩子的情感需求，给予他们足够的支持和鼓励。

50. 孩子出现偏科怎么办？

对于孩子偏科问题，家长一定要有一个清晰的认识：人与人之间存在与生俱来的差异，孩子的优势能力天然不同，因此每个孩子都需要得到家长的理解和尊重。面对孩子偏科，家长可以这样做：

第一，让孩子认识到各科学习的重要性。家长要联系实际耐心告诉孩子某一科薄弱会带来的不良后果。对于年龄小一点的孩子，家长不用给他讲太深入的道理。孩子上初中之后，针对弱科的交流，家长可以谈得深入一些。当孩子的学习意愿度上来了，辅导孩子就剩下方法的问题了。

第二，先从简单的题目入手。对于相对弱的科，指导孩子一定要先从简单的习题开始做，不要一上来就选太难的题。这样可以培养孩子的自信心，让孩子有兴趣、有能力、有信心搞好学习。

第三，针对性补课，时间不宜过长。对成绩差的学科，孩子往往就不感兴趣，也没有自信。如果一开始补课就要求孩子在弱科上投入大量的时间和精力，可能会产生厌学现象。刚开始每天学习时间短一点，学习的内容少一点，让孩子一学就学会，慢慢地对弱科的学习兴趣会逐渐增强，然后慢慢增加时长和学习量。

第四，耐心辅导孩子。对于孩子的弱科，家长一定要耐心地辅导，以肯定、鼓励为主，少批评，避免孩子更加厌学。如果家长自己没有能力辅导，可以请老师辅导。家长要跟老师做好沟通，彼此配合，耐心和鼓励是最重要的。

第五，强化训练。当孩子对弱科进入正常的学习状态，家长可以引导孩子找出弱科当中的薄弱点，然后进行突击性强化训练，帮助孩子在短时间内有一个较大的提高。这时候孩子的自信心会极大增强，会觉得弱科并不是那么难学的。

第六，及时奖励。如果孩子的成绩有了提高，哪怕提高得很少也要及时给予一个暖心的奖励，让孩子在惊喜中增强自信心和幸福感。即使孩子的成绩没有提高，只要没有退步，家长也要千方百计让孩子感觉到自己是在进步的，帮助孩子增强战胜弱科的信心。告诉孩子，胜不骄、败不馁，只要你坚持不懈地努力，你这一科成绩一定会提高。让孩子感觉到父母永远无条件地信任他，孩子的自信心和学习动力就会增强。

第七，寻求心理辅导。孩子某一科明显弱，除了学习兴趣、学习方法之外，很有可能是出现了心理问题。这时就需要寻求专业人士进行心理疏导，孩子的学习动力被激发起来，成绩也就提上来了。

51. 孩子出现考前焦虑怎么办？

有些孩子在考前特别容易紧张，吃不下饭，睡不好觉，精神过度亢奋或过度抑郁，更严重的还会导致腹泻、头疼、呕吐等情况。考试时大脑一片空白，即使已经复习过，即使是平时掌握得很好的知识点也会瞬间忘光，这在心理学上称为考前焦虑症。家长可以通过以下方式帮助孩子缓解考前焦虑：

第一，帮助孩子放平心态。孩子总是把考试看得太过重要，所以会想着逃避。家长可以告诉孩子，考试只是对于平时学习成果的一次检验，用平时写习题册的心态去对待考试就可以。家长保持这样的态度，孩子也不会有太多的压力了。

第二，不要给孩子设置太高的标杆。很多家长会将认识的一些很优秀的孩子与自己的孩子作比较，从而对自己的孩子提出高标准的要求，甚至会以此来讽刺和挖苦孩子。殊不知，这样的比较和刺激只会增加孩子的紧张和厌烦情绪，甚至导致孩子面对考试时想得太多，效果适得其反。

第三，要适度关怀。有的家长为了帮孩子营造好的学习环境，电视、电脑全部关闭，也不提除了学习以外的话题，连说话都很小声。这样会给孩子制造极大的压力，加重其焦虑情绪，认为考不好全是自己的责任。

第四，学着安抚孩子。在孩子有考试焦虑时，家长一定要表现得很镇定，告诉孩子："一场考试而已，发挥不好也没关系，只要你尽力了就好。"这样会让孩子安心不少。

第五，让孩子了解考试的意义。告诉孩子考试绝对不是为了打击他，只是让他更了解自己对近一段时间学习和掌握的效果怎么样，目的是查缺补漏，发现自己的不足，同时帮你指出接下来要提升的点。孩子成绩出来后，无论怎样都不要进行过度评判，家长主动和孩子一起分析错题错在哪里，今后如何改进等，多进行鼓励，让孩子不必担心因为考得差而影响自己在家长心中的位置。

52. 如何抓住孩子思维发展的关键期？

不同阶段的孩子思维发展会有所差异。0—12 岁是孩子思维发展的关键时期，主要分为直觉行动思维阶段、具体形象思维阶段和抽象逻辑思维阶段。

0—3 岁的婴幼儿最早出现的思维活动阶段为直觉行动思维。在这一阶段，孩子主要是依靠对事物的感知，依靠人的动作进行思维。婴幼儿在进行这种思维时，只能反映自己动作所能触及的具体事物，依靠动作思考，而不能离开动作之外去思考。例如，孩子在玩玩具车时，会模仿汽车的嘀嘀声，换成球类玩具就不会出现这个声音。

3—6 岁幼儿的思维进入具体形象思维阶段。在这一阶段，孩子主要是依靠事物的形象和表现进行思维，即他们的思维凭借对具体形象的联想来进行。例如，一个孩子能够正确回答“6个苹果，两个人平分，每个人分几个”，却不知道“3+3=？”。幼儿也会普遍喜欢童话图册和动画片，这与幼儿要凭借那些生动鲜明的具体形象才能理解故事有关。与此同时，孩子的抽象逻辑思维开始萌芽。

6—12岁儿童的思维进入抽象逻辑思维阶段。孩子能够理解和运用概念、判断和推理等，能够理解事物的本质和内在联系。比如这个阶段的孩子可以回答“1只兔子4条腿，3只兔子多少条腿”等逻辑类的题目。

孩子的思维发展是一个不断变化的过程，每个阶段都有其特定的特征和发展重点。在教育孩子的过程中，家长和老师应该根据孩子所处的阶段和特点，有针对性地提供适当的指导和帮助，以促进孩子的思维发展。

53. 如何处理青春期异性交往问题？

大部分家长都会对孩子的异性交往“谈虎色变”，甚至横加指责和阻拦，会武断地下结论，导致亲子关系不和谐，引发家庭矛盾。青春期的孩子对异性产生好奇是非常正常的，作为家长要以平和的心态对待这个问题。家长可以利用这个机会观察孩子交往的朋友都是什么样的人，可以从朋友身上看出孩子的优点和不足，便于家长及时发现、避免和妥善解决孩子呈现的问题。俗话说“近朱者赤，近墨者黑”，孩子与异性朋友正常交往，不仅会帮助孩子学会和各种性格的朋友相处，还能培养孩子的团队与合作精神，帮助完善孩子健全的人格。

家庭作为孩子教育的起始地，家长的职责是异常重要和巨大的，所以在异性交往问题上，家长要发挥好言传身教的作用。一是家长要有恰当的为人处世的原则，生活作风要端正，不看不健康的影视作品和书籍，给孩子创造一个良好的家庭教育氛围。二是家长要学习一些青春期生理及心理等方面的知识，以分析、掌握孩子在这个阶段的思想和行为，使自己在处理这些事情时能够有一些理论性的指导，而不是只靠主观臆断和个人经验妄下结论。三是家长要经常与孩子的老师进行沟通。孩子的大部分时间是在学校度过的，他们与异性朋友之间的交往也大多发生在学校里，当孩子出现家长所担心的“早恋”问题时，切忌采取简单粗暴的办法训斥孩子。家长的态度会决定孩子与家长之间关系的远近，当孩子感觉不到家庭的温暖时，就会到另一个地方去寻求。所以在异性交往问题上，宜疏不宜堵，家长要积极从不同侧面去发现孩子交往的真实动机，及时解决孩子对对方产生的感情上的依恋，引导他们树立正确的交友观。

54. 孩子做题马虎怎么办？

在对孩子各种考试原因的分析中，马虎总是占据前列。这个看似简单的原因，真的只是粗心吗？清华大学宋少卫老师对此进行了多年的研究后发现，孩子的学习是有一套系统的，只有弄清楚是学习系统中哪个环节出现问题，才可以有针对性地去解决马虎的问题。宋老师认为在学习系统中，识别驱动、语义解析、逻辑加工、价值决策四个板块是相互配合的。孩子在看到题目和把解题步骤写下来的过程称为识别驱动；理解题目、读懂题目的意思和内涵是语义解析；对题目进行思维加工是逻辑加工；在整个做题过程中，学生的行为会受到情绪、动机、意义等心理因素的影响，比如优先完成英语作业还是数学作业，这种依据内心的价值标准进行决策的过程称为价值决策。孩子出现马虎的问题可能是在不同的环节上出现了问题，比如把题目中“>”看成“<”，这是识别驱动环节出现问题。当我们把孩子马虎的问题拆分到学习系统不同的模块来看时，就很容易发现孩子到底是在哪里马虎了，即可针对性地解决孩子做题马虎的问题，帮助孩子建立起更积极的学习系统。

55. 如何培养孩子自主学习的习惯？

父母在培养孩子自主学习的习惯时，可以从以下六个方面着手：

第一，激发学习兴趣和动力。鼓励孩子探索自己的兴趣点，支持他们参与感兴趣的活动和课程。设定明确的学习目标，让孩子了解学习的重要性，体验学习成果带来的满足感。兴趣、动力和自信更多来源于成功，成功是成功之母。

第二，培养自主学习行为。家长鼓励孩子自己制订学习计划，也可以与孩子一起制订计划，明确每天的学习任务和时间安排，并监督其执行。让孩子自己整理学习资料和用具，培养他们的条理性和归纳能力。鼓励孩子独立思考和解决问题，遇到难题时先尝试自己解决，实在解决不了再寻求帮助。

第三，教授科学的学习方法。引导孩子学会如何有效预习和复习，努力掌握重点和难点。教授孩子用联想记忆、图表记忆等方法提高记忆效率。指导孩子学会用思维导图归纳、总结所学知识，提高学习效率。培养孩子的阅读理解能力，鼓励他们多读好书，拓宽知识面。建议家长与孩子有“亲子共读时间”，共读一本书，或者在孩子自主阅读时家长阅读自己喜爱的书目。

第四，制定切实可行的目标并助力实现。指导孩子制定一个科学合理的目标，不露痕迹地辅助孩子实现目标。指导孩子运用制定目标并实现目标的策略，更容易激发孩子自主学习的内驱力。

第五，创造良好的学习环境。为孩子提供一个安静、整洁的学习空间。学习前提醒孩子确定学习用具是否齐全，让他们能够集中精力学习。另外，在孩子没有主动求助时，家长不要在孩子学习时过多干涉，更不可像个监控者一样随时等着挑孩子的毛病，这样会极大影响孩子学习的专注度和自主感。在孩子学习时家长最好的状态是安静地做好自己的事情。

第六，及时给予反馈和鼓励。父母要关注孩子的学习进度和成果，在孩子完成自主学习任务后及时给予肯定和鼓励。当孩子遇到问题时，要耐心解答，引导和帮助他们找到解决方法。鼓励孩子参加学习竞赛或集体活动，提升能力和自信心，以及团队合作精神。

56. 如何培养孩子科学的学习方法，进而提高学习效率？

在日常生活中，有的家长反映自己的孩子学习不得法，虽然学习时间很长，但效率不高，效果不佳，不知道该怎么办。针对这种情况，给出如下建议：

第一，明确学习目标。如果孩子没有明确的学习目标，在遇到困难时就很容易放弃，无法形成真正的学习内在动力。家长要帮助孩子一起找准定位，设立合理的学习目标。切记目标设立一定是孩子通过努力能达到的。

第二，了解科学的学习方法。学习，不仅需要学习知识，更需要将学习到的知识进行输出和定期反思。不同性格特点的孩子，需要找到适合自己的学习方法，某种方法运用一段时间后及时总结，如果发现这种方法没有带来理想的学习结果，就需要及时调整。家长可以适当引导孩子谈论所学课程、遇到的困难、同伴有哪些有效的学习方法等，这样有利于孩子明确对自己有效的学习方法并保持。

第三，加强锻炼、保障睡眠。任何形式的运动都可以提升脑力，大大提高学习效率。尤其在孩子高强度学习期间，家长应该提醒孩子每天抽出一定的时间进行运动，驱散长时间学习后的身心疲惫。同时，拒绝疲劳战，孩子需要充足的睡眠保障健康的身心状态和高效的学习状态。

第四，帮助孩子学会调节情绪。学习过程中难免会遇到一些挫折和障碍。实际上，孩子遇到的最大障碍不是智力上的，而是情绪上的，光有毅力和专注力并不能保证孩子一直高效地学习，抗压能力、突破障碍的能力和从错误中学习的能力也很重要。当孩子遇到困难时，家长首先要保持情绪稳定，其次对孩子保持充分的信任和耐心，让孩子有力量面对暂时的落后与失败，勇往直前。

第五，和孩子共同防止手机、电脑等电子产品对学习的分心。长期玩电子产品容易使孩子的注意力和专注力下降，家长可以做好榜样。比如，全家人一起约定吃饭时、日常学习的时候不看手机等，但不是绝对拒绝孩子使用电子产品，家长要和孩子共同商讨使用电子产品的时限，了解孩子上网关注的信息内容，只要孩子健康上网并能控制使用时长，家长就不必太过担心。

57. 如何对孩子进行性教育？

在中国传统文化里，谈论性是羞于启齿或不被允许的。但是当今世界与过去有了很大的不同，孩子们能通过多种途径接受各种各样的关于“性”知识的轰炸，所以在他们可能因为不知道自己对性的观念是对是错而挣扎时，家长需要承担起对孩子进行性教育的责任。对孩子进行性教育是非常急需且必要的，可以尝试以下做法：

第一，对于年龄较小的孩子，选择一些专门针对适龄的好的性教育书籍。从两三岁就可以开始与孩子分享这些内容，如什么是自己的隐私部位，我们该如何保护自己的隐私部位等，可以帮助孩子对自己有更多的了解以及更好地保护自己。

第二，对于年龄较大的孩子，家长找到合适的机会和孩子谈谈关于性的知识和感受，分享一下个人的经历和故事。这种沟通是双向的，要互相表达感受和想法，避免说教和评判。

第三，告诉孩子为什么推迟性行为对他们有好处。让孩子了解，随着年龄的增长，他们的情感和智慧会渐趋成熟，会对自己和他人更加尊重，更有信心去做自己喜欢的事情，而不会感觉必须以牺牲自己为代价去取悦他人。必须让孩子知道，如果有人说“你喜欢我就要和我发生性关系”时，应该赶快远离他。

第四，实事求是地给孩子提供有关性传播的疾病知识，不虚假恐吓，避免让孩子产生恐惧心理。告诉孩子，你愿意为他解释任何他们听不懂、不理解的词，或者身体上的某些现象，如果自己不清楚的，可以向专业人士求助。

58. 如何培养孩子的成长型思维？

成长型思维是一种积极的心态和思考方式，它强调个体的成长和发展，认为人的能力和潜力是可以不断提升的。与之相对的是固定型思维，它认为人的能力是固定的，无法改变。培养成长型思维能够激发孩子的学习兴趣、提升创造力，增强自我价值感和自信心，并对个人的未来发展产生积极的影响。培养孩子的成长型思维，家长可以从以下五个方面着手：

第一，鼓励孩子面对挑战和困难。当孩子遇到难题时，家长可以引导孩子积极面对，鼓励他们尝试不同的解决方法，从而培养他们的坚韧性和解决问题的能力。

第二，改变固定型思维的观念。家长引导孩子认识到学习和成长是一个持续的过程，而非一蹴而就的。让他们明白，通过不断学习和努力，可以克服自己的局限性，实现自我提升。

第三，激发孩子的自我反思和学习能力。家长可以定期与孩子进行对话，让他们回顾自己的学习和成长过程，总结经验教训。同时，鼓励他们主动寻求新知识，培养持续学习的习惯。

第四，追求个人成长而非过度比较。家长要引导孩子关注自己的成长和进步，而非过分关注与他人的比较。让孩子明白，每个人的成长路径都是独特的，重要的是找到自己的节奏和方向。

第五，家长要以身作则，成为孩子学习的榜样。家长要通过自己的言语和行动，展示成长型思维的特点和优势，让孩子在耳濡目染中受到启发。

59. 如何提高孩子的记忆力？

我们每个人在学习后，所学知识便进入大脑形成短时记忆，如果不及时复习，这些记住的东西很快会被遗忘，而经过及时复习，这些短时记忆就会成为一种长时记忆，从而在大脑中保持很长的时间。提高孩子记忆力可以从三个方面做起：

第一，组织有效的复习。一是及时复习。艾宾浩斯遗忘曲线表明，遗忘的规律是先快后慢，学习到的知识在一天后若不抓紧复习，就只剩下原来的25%。所以及时复习是提高孩子记忆力的关键。二是正确分配复习时间。一般认为刚开始复习时，时间间隔要短，以后可以间隔时间长一些再进行复习。三是阅读和重现交替进行。重现能提高孩子学习的积极性，看到成绩，有利于增强信心，也可以帮助发现问题和错误，及时纠正。四是注意排除前后材料的影响。孩子会对材料的起始和终止的位置记忆深刻，所以对材料的中间部分要加强复习。

第二，学习利用外部记忆手段。孩子可以采取一些外部记忆的方法，比如记笔记、记卡片和编提纲等。

第三，注意脑健康和用脑卫生。人脑的健康状况直接影响记忆的好坏，严重营养不良特别是缺乏蛋白质，会使记忆力下降。另外，酒精中毒或者脑外伤等也会给记忆带来不良的影响。所以，家长要保障孩子摄入的营养均衡，尤其适当多吃蛋白质类的食物，提高孩子的健康水平。

60. 隔代家长的心理变化规律是什么？

人到了65岁进入我们通常所说的老年期，此时不仅身体脏器功能逐年老化，还会出现以下心理变化：

第一，心理孤独空虚。造成老年人孤独的最普遍原因是：退休在家，离开了工作岗位和长期相处的同事，闲余时间多，孤寂凄凉之情渐生；儿女分开居住，寡朋少友，缺少社交活动；丧偶或离婚，老来孑然一身。老年人最怕孤独，因为孤独使老人处于孤立无援的境地，很容易感觉“被遗弃”，继而使老人对自身价值产生怀疑，严重者会出现抑郁、绝望的心理。

第二，情绪变化大。由于大脑和机体的衰老，老年人往往会产生不同程度的性情改变，如说话啰唆、情绪易波动、主观固执等，少数老人则变得很难接受和适应新生事物，怀恋过去，甚至对现实抱有对立情绪。老年人的性情改变，常常加大了他们与后辈、与现实生活的距离，导致社会适应能力方面的缺陷。

第三，记忆力减退。不少老年人时常为自己的记忆力不好而深感苦恼。老年人记忆力减退的特点是对新近接触的事物忘得很快，而对久远的事情却记忆犹新。记忆力减退是大脑细胞衰老、退变的常见现象，过于严重则可能是老年痴呆的一种表现。

第四，睡眠出现问题。老年人大多数睡眠减少、睡眠浅、易惊醒，有的老年人同时伴有入睡困难和早醒，这也是脑功能的自然衰退现象。医学研究发现，老年人在睡眠过程中醒来的次数较多，女性入睡比男性慢。由于睡眠的质和量都发生了明显变化，许多老年人常感到睡醒后不解乏，白天精神不济，甚至有昏昏欲睡之感。

因此，做子女的应该时刻关注父母的变化，从多方面给予其无微不至的关怀和照顾。

第四章　掌握家庭教育的方法

61. 如何与孩子有效沟通？

良好的沟通是建立亲子关系的关键。在家庭教育中，良好的沟通意味着家长能够更加深入地了解孩子，关注他们的生活和学习情况，在孩子遇到问题时能够尽早地发现和解决。下面是建立良好沟通机制的五点建议：

第一，心灵相通。家长注意时刻与孩子保持心灵上的联结，关注孩子各方面的情况，多给予关怀和即时支持。

第二，学会倾听。家长在沟通中要认真、专注地倾听孩子的表达，耐心听取他们的意见和感受，尊重他们的想法。

第三，主动与孩子交流。家长要主动与孩子交流，尊重孩子的个性和选择，用行动表达对孩子的关注和支持，必要时给孩子提供建议和帮助，同时也鼓励孩子与自己交流。通过有效的沟通，家长能够真正看见孩子、更好地了解孩子，在实际行动中让孩子感受到家人的爱。

第四，营造温馨的家庭环境。家长要注意自己的言谈举止，在日常生活中做到孝敬父母、夫妻恩爱、关爱子女，并且要保持干净整洁的家庭环境，让孩子深切感受到家庭成员之间的亲情和温暖。同时给孩子留出成长空间，鼓励和支持他们更好地成长和发展。

第五，把握沟通的时机和时长。沟通的较好时机是孩子遇到困难或挫折时，或是彼此心情平和、闲暇时，或是发生和接触到某件切合对孩子有教育意义的事情时，能够抓住时机进行沟通，有利于提高沟通质量。在沟通的时间把握上，既要避免在时间紧张时进行沟通，也要避免沟通时间过长。另外，还要避免在彼此情绪激动时进行沟通。掌握了这几点，可以做到有效沟通。

62. 如何与自己的父母沟通？

作为孩子的父母，与自己父母的沟通，在很大程度上为亲子沟通奠定了基调，对孩子的沟通能力和沟通模式有着深远的影响。在与自己父母进行沟通时，要着重做到以下几点：

第一，尊重父母。尽可能地尊重父母的意愿和想法，不要把自己的价值观强加于他们。与父母建立互相信任、尊重和关心的关系，这是良好沟通的前提和保证。

第二，关注父母的生活。了解父母的日常生活、兴趣爱好和需求，这样就能更好地进行交流。同时，针对他们的生活状态寻找共同话题，让沟通变得更加轻松自然。

第三，温和地表达意见。在说话时，要尽量采用温和的语气和方式，用平和的声音表达自己的意见。如果涉及一些敏感或者有争议性的话题，可以采用问答的方式来缓和一下，引导父母思考问题，而不是直接指责他们。

第四，接受不同意见。理解和接受父母的不同意见和观点，并且给予积极、理性的回应。如果矛盾激化，不要直接对父母发火或者忽视他们的想法，要多反思自己的观点是否有不当之处，这时可以寻求中间人的帮助，或者寻找一个合适的时间再进行交流。

第五，利用假期多沟通。假期心情放松，可以利用旅游、聚餐等机会增进情感，相互了解，避免误解，及早发现和化解问题。如果能让父母在家庭生活中更多地参与并发挥作用，沟通效果会更好。

63. 如何与老师建立和谐关系？

家长与老师建立和谐关系，能为孩子营造积极稳定的成长环境，具有多方面意义。可以从以下几点做起：

第一，对老师心存敬畏。“老师”不单是一个具体的人，同时代表着引领孩子学习知识、接受教育、塑造灵魂的神圣职业。家长如果对着孩子表达对老师的不满，会造成孩子对老师的不敬、对知识的不敬和对教育的质疑，会产生对学习厌恶甚至放弃的不良后果。

第二，建立信任关系。家长主动与老师建立信任关系是有效沟通的基础，家长要尊重老师的专业知识和经验，理解老师的角色和职责，并保持开放的心态。

第三，定期沟通与互动。家长与老师保持定期的沟通与互动非常重要，参加家长会、家长课堂、教学展示和学校活动，或者通过视频、电话、在线平台进行交流，这些都是与老师保持联系的好机会。

第四，提供信息与反馈。家长可以与老师交流孩子在家中的相关情况、家庭背景和兴趣爱好等方面的信息，反馈孩子在家中的行为表现，有助于老师全面地了解孩子，及时关注孩子在学校的状态。

第五，倾听和尊重。在与老师交流时，家长要倾听老师的意见和建议，尊重他们的专业判断，同时以开放的态度表达自己的观点，并与他们积极配合，以便共同为孩子制定教育目标和实施计划。

第六，积极参与学校活动。参与学校组织的如义工、家长志愿者和家长委员会等活动，可以进一步加强与老师和学校之间的联系和了解。

64. 如何培养孩子的抗挫力?

生活中充满了各种挑战，具备抗挫力可以让孩子在面对困难时保持积极的心态，勇敢地应对。以下是培养孩子抗挫力的几点建议：

第一，树立正确的挫折教育理念。家长需要明确挫折教育的意义和目标，挫折教育不是让孩子在成长过程中刻意遭受挫折，而是要让孩子在遇到挫折时学会应对和克服的方法。

第二，营造良好的家庭氛围。家庭是孩子成长的摇篮和港湾，家长的行为和态度会深深影响孩子的身心健康。因此，家长需要营造良好的家庭氛围，让孩子感受到家庭的温暖和关爱，从而增强孩子的抗挫折能力。

第三，鼓励孩子积极参加各种活动。家长要鼓励孩子积极参加体育、音乐、艺术及其他社会实践等活动，让孩子在不同的领域中体验成功和失败的感觉，学习如何应对和克服挫折。

第四，培养孩子的自信心。自信心的建立是抗挫折能力的重要组成部分，家长要激发孩子面对困难的勇气，并为孩子提供正面的反馈，让孩子感受到家长的支持和鼓励，增强信心。同时，家长也要理解孩子的感受和需求，给孩子足够的时间和空间去面对困难和挫折，让孩子确认自己有能力克服困难和挫折，相信自己可以取得成功。培养孩子的抗挫折能力是一项长期而复杂的任务，需要家长在孩子的成长过程中不断进行尝试和总结。

65. 如何正确地表扬和鼓励孩子？

表扬和鼓励是一种非常有效的教育方式，对孩子的身心健康和全面发展有着深远的影响。家长可以这样做：

第一，给予真实的表扬或鼓励，让孩子感受到认可和支持。表扬应该是真实的，根据孩子的实际表现来评价。家长注重观察孩子的行为和表现，针对他们所作出的积极努力和成就，给予肯定和具体的表扬。比如，“你今天画的画真漂亮，构图好，颜色搭配也很好！”“你在数学竞赛中取得了好成绩，你的努力得到了回报，为你骄傲！”这样的表扬能让孩子感到受到家长的认可和支持，从而更加努力地学习和成长。

第二，注重表扬或鼓励的时机和方式，让孩子感受到被尊重和理解。表扬或鼓励的时机和方式也非常重要。一般来说，及时表扬效果更好，因为孩子能够立刻感受到自己的努力和成就被认可。此外，在鼓励时，家长应该注重方式，避免命令式语言或者强制性的态度，尽可能地以孩子为中心，让孩子感受到被尊重和理解。比如，"你把作业写得很好，真用心！"或者"听说你参加了英语角，很有勇气啊！"

第三，帮助孩子理解表扬或鼓励的意义和价值，从中受益。除了给予具体的表扬、鼓励外，家长还可以帮助孩子理解表扬和鼓励的意义和价值，让他们从中受益。比如，告诉孩子表扬或鼓励是对他努力的肯定和认可，能够增强自信心和自尊心，让他变得更加积极和自信。同时，也可以引导孩子学会欣赏和认可他人的努力和成就，以此培养孩子的同理心和社交能力。

66. 如何正确批评孩子？

正确批评也是一种必要的教育方式，可以帮助孩子明辨是非，建立规则意识，懂得为自己的行为负责，促进孩子的自我完善和成长。家长需要注意以下几点：

第一，保持积极的心态。在批评孩子之前，家长必须保持积极的心态。批评不应该是一种负面的、情绪化的反应，而是一种建设性的行为。家长要认识到批评的目的是帮助孩子改进和成长，而非挫败他们的信心。因此，家长应该保持冷静、理智，着重强调孩子的积极方面，鼓励他们做得更好。

第二，选择合适的时间和地点。批评孩子时，选择合适的时间和地点也是非常重要的。家长要避免在公共场合或外人面前批评孩子，以免给他们带来尴尬或伤害。应该寻找一个私下的、宽松的环境，让孩子感到安全和被尊重。此外，进行批评时要确保家长和孩子都处于冷静的状态，这样批评才能更有效地传达和接受。

第三，明确的指导和解释。批评应该具备明确的指导和解释。家长要明确指出孩子的问题所在，并给予具体的建议和解决方案。使用清晰、简洁的语言，确保孩子能够理解家长的意图和期望。同时，解释为什么批评是必要的，帮助他们认识到批评的目的是帮助他们成长，而不是简单地指责或责备他们。

第四，倾听和尊重孩子的感受。在批评孩子时，家长需要倾听和尊重孩子的感受。孩子可能会有不同的情绪和观点，他们需要有机会表达自己的感受。家长应该给予他们足够的空间和时间，鼓励他们分享自己的想法和意见。同时，尊重孩子的感受，理解他们偶尔出现的沮丧或不满情绪，但也要帮助他们看到自己需要改进的地方。

第五，以身作则。家长批评孩子的最好方式之一就是以身作则。家长应该成为孩子的榜样，展示出正确的行为和态度。如果我们要求孩子克服某种行为或习惯，那么家长首先应该做到。通过家长示范，能够让孩子明白批评是为了帮助他们成为更好的人。

67. 如何教会孩子管理情绪？

良好的情绪管理有助于孩子保持心理平衡，提高适应环境的能力，建立和谐的人际关系，塑造孩子积极乐观、坚韧不拔的优秀品质。具体做法如下：

第一，认识情绪。借助故事、图片或游戏，帮助孩子了解各种情绪，如快乐、愤怒、悲伤、恐惧等。

第二，接纳情绪。告诉孩子每种情绪都是正常的，没有好坏之分，每个人都会经历并体验各种各样的情绪，感受情绪带来的不同感觉。

第三，表达情绪。鼓励孩子用喜欢的方式表达自身情绪，如倾诉、书写或绘画等，引导孩子把情绪带来的感受表达出来，尤其是疏解负面情绪。帮助孩子在不断表达的练习中学会情绪管理。

第四，情绪调节。教授孩子一些情绪调节的技巧，如深呼吸、积极暂停、数数或暂时转移注意力等。

第五，榜样示范。家长需以身作则，学会管理自身情绪，为孩子树立良好榜样。

第六，培养兴趣。引导孩子参与喜爱的活动，如下棋、跳舞、唱歌、运动等，调动积极情绪，提升自身的正能量。

68. 父母教育方式不一致怎么办？

父母由于性别、性格、观念、经验和知识水平、成长背景等方面的差异，往往会导致教育方式的不一致，影响孩子的成长。为此，父母双方要从以下几个方面加以注意：

第一，父母要学习科学系统的家庭教育知识。我国《家庭教育促进法》颁布实施后，明确提出“未成年人的父母或者其他监护人负责实施家庭教育”。作为家长，一定要通过各种途径系统学习家庭教育知识和技能，掌握孩子不同阶段的身心发展规律，避免经验式、盲目式育儿，这样就能形成统一的意见，解决孩子问题时就会有科学的方法。

第二，建议一方先学会放手。如果父母在教育孩子时分歧比较大，建议爸爸或者妈妈要学会先放手，也就是一方要心甘情愿地退出家庭教育主战场，将家庭教育的主动权交给另一方。放权的一方要相信对方能教育好自家孩子，放开手脚让对方去做。在没有放权前，夫妻要商量好，最好是时间和精力不能保证的一方放权。

第三，提前做好沟通。当父母在教育孩子的观念或方式方法上有分歧时，比如“培养孩子良好习惯从什么时候开始”“要不要严格”等，父母应该就一些原则性问题提前沟通，通过沟通确立好教育孩子的基本准则，从而在是非对错面前形成统一的教育理念。除此以外，如果家里有孩子的爷爷、奶奶或外公、外婆参与家庭教育，孩子的父母也要与老人进行沟通，让大家在教育孩子的问题上尽量保持意见一致。

69. 孩子玩手机上瘾、沉迷网络怎么办？

孩子玩手机上瘾、沉迷网络让很多家长感到束手无策。下面的方法可以帮助你：

第一，对于青少年使用手机和网络的行为，家长要

和孩子一起制定合理的规则。在制定规则时，需要考虑到青少年的年龄、学业和身心发展等因素。规则包括使用时间、使用地点、使用内容、使用方式等方面，具体内容可以根据孩子的实际情况进行调整。此外，规则的制定和执行需要家长和孩子通过有效的沟通和协调共同完成。

第二，鼓励多元化的兴趣爱好和活动。青少年沉迷手机和网络的一个重要原因是缺乏其他兴趣爱好和活动，因此，鼓励青少年参与多元化的兴趣爱好和活动非常重要。这些兴趣爱好和活动可以包括体育运动、音乐、绘画、手工等多种形式，有助于开拓青少年的眼界和兴趣，促进他们的身心健康和社交能力的发展。此外，学校也可以通过开展课外活动、社团等形式来丰富学生的兴趣爱好和活动，让他们有更多的选择和成长机会。

第三，建立家庭共享时间。家庭共享时间是非常重要的，它可以帮助家庭成员之间建立更好的联系和沟通，用亲情帮助青少年摆脱对手机和网络的依赖。家庭共享时间可以包括共进晚餐、观看电影、一起做手工、打扑克牌等。在这些活动中，家长可以向青少年传递一些人生经验和价值观，并与他们分享家庭生活的乐趣和感受。此外，家长也需要做出榜样，尽可能减少自己对手机和网络的依赖，这样才能更好地引导孩子走出手机和网络的陷阱。

第四，激发孩子的自我控制和自律能力。自我控制和自律能力是青少年防止沉迷手机和网络的重要素质。家长可以通过一些方法来激发和培养青少年的自我控制和自律能力，例如鼓励他们制订合理的学习和生活计划，培养他们的时间管理能力，让他们参与一些决策和规划等。此外，家长还可以通过引导他们进行社交活动，与家人和朋友建立更好的关系，增强他们的情感支持和自信心，从而提升他们的自我控制和自律能力。

70. 孩子面对困难逃避退缩怎么办？

孩子面对困难，由于压力过大、害怕挫折、应对策略缺乏、性格因素等原因，难免逃避退缩。家长可以从以下几方面做起：

第一，允许孩子出错。在孩子的成长过程中，遇到困难、挫折和失败都是正常的。孩子有很强的好奇心，他们会忍不住尝试各种新奇的事物，在孩子尝试的过程中难免会出错，家长应该允许孩子出错，和孩子一起分析出错的原因，让孩子在试错的过程中积累经验，培养孩子勇敢面对现实、勇于承担责任的品质，以及恰当的处事方法。如果家长不允许孩子出错，孩子做事情就会变得小心翼翼，畏首畏尾，缺乏自信，不敢面对，人生的试错成本会更大。

第二，提高抗挫折能力。家长都很爱孩子，不仅想要给孩子丰厚的物质条件，而且有的家长在孩子面对困难时，第一时间就要帮助孩子去解决，以至于很多孩子在没和挫折碰面之前，就被家长拒之门外，导致孩子没有迎面困难的机会。在此，奉劝家长要尝试放手，让孩子独立去面对困难，解决问题，这样可以避免孩子遇到困难只会退缩的心理，提升孩子的抗挫力。

第三，帮孩子建立自信心。孩子在尝试面对困难的时候，失败的不良感受会让孩子失去自信，以后遇到问题时，就会因担心自己做不好而拒绝做。因此，家长在孩子遇到失败的时候，千万不要急于争吵，而是要用鼓励的方式，帮助孩子建立自信心，支持孩子敢于直面问题、敢于尝试。很多家长认为孩子面对困难的能力都是锻炼出来的，其实家长的鼓励和陪伴才是更重要的。

第四，制造孩子可以单独解决问题的机会。孩子如果长时间处于温室，一点小风就会把他吹倒。家长可以有意制造一些小困难，让孩子尝试去解决。当小困难被顺利地击败，孩子会有信心面对更大的困难。

71. 孩子总爱买买买怎么办?

孩子“买买买”成习惯、爱攀比，原因主要是家长对孩子过于宠溺、孩子缺乏金钱观念、家长自身没有做到良好的示范、孩子对新事物充满占有欲等。家长要找准原因、找对方法，理性解决孩子“买买买”的问题：

第一，认清事情的严重性。家长不要一味满足孩子的要求，尤其是孩子的无理要求，一旦家长对孩子的要求有求必应、一味妥协，让孩子潜意识里认为家长买东西满足他的欲望是理所当然的，全家是以他为中心的。这就会导致孩子缺乏责任感，变得自私自利且无情。所以，家长要认清这种行为的严重性。

第二，给孩子树立规则意识。在小孩子眼里是没有规则这个概念的，所以家长在这个方面要对孩子做好及时引导，通过给孩子细心和耐心地解释，让孩子明白什么是规则、怎样遵守规则以及不遵守规则的后果，教会孩子从小要有规则意识，要对自己的行为负责。

第三，和孩子一起制定规则。当孩子具备一定的规则意识后，家长就要在孩子购物和爱攀比的问题上和孩子一起制定规则，如可以选择买什么，但要说出原因；什么东西不能买，什么东西只能买多少等，给孩子提前做好规划，做到既满足孩子的合理需求，又不无原则地迁就他。

72. 孩子胆小怎么办?

孩子敏感、胆小受遗传因素、成长环境、性格特点、社交经验缺乏、保护过度、负面经历等多种原因影响，家长不要责怪孩子，可以从以下几方面做起：

第一，改善家庭环境和教育方式。家长要给孩子提供一个健康的家庭环境，夫妻关系和谐是根本。在孩子的教育中，夫妻的观念要一致，不要动不动就拿自己的孩子跟别人的孩子比，或者吼叫、打骂孩子，甚至给孩子贴上胆小、敏感的标签。家长要多学习，多反思，言传身教，学会管理自己的情绪，掌握科学育儿的理念和方式。

第二，理解和支持孩子。孩子是孩子，问题是问题，作为家长，要正视孩子的问题。孩子胆小、敏感，主要原因不在孩子，而在家长的教育方法，所以关注孩子的同时要反思自己，了解孩子的想法和感受，尽可能给予理解和支持，让孩子感到自己并不孤单。

第三，增强独立性和责任感。鼓励孩子独立思考和行动，帮助他们建立更多的自信，如给孩子布置一些小的有责任感的任务，在承担责任、完成任务的过程中，孩子会积累经验，逐步增强责任心和成就感，逐渐成长为一个更加独立的人。

第四，找到引导情绪的方法。孩子出现不良情绪时，家长要多听一听孩子的想法，引导孩子如何把事情做好，学会摆脱不良情绪的困扰，帮助孩子找到表达情绪的方法，比如通过写日记、绘画、倾诉等方式，有助于孩子表达自己的情绪和释放负面情绪。另外，还可以带孩子参加一些有益的活动，比如打球、跑步、舞蹈等，帮助孩子放松心情和培养自信心。

73. 孩子爱哭怎么办?

孩子爱哭的原因有多种，以下是一些应对建议：

第一，理解孩子。哭泣是孩子表达情绪的一种方式，家长要给予理解并耐心陪伴，而不是一味责怪。

第二，找出原因。了解孩子哭泣的原因，是因为害怕、伤心还是其他情绪的影响，为下一步解决问题做好准备。

第三，给予安慰。拥抱并轻抚孩子，给孩子关心和支持，让他们感受到安全和被爱。

第四，鼓励表达。引导孩子用语言表达出当下的情绪，帮助他们更好地理解自己。

第五，培养情绪管理能力。通过游戏、故事等方式，教孩子掌握一些情绪管理方法。

第六，保持冷静。家长首先要保持冷静，不要被孩子的哭泣影响自己的情绪。

第七，设定规则。对于孩子无理取闹的哭泣，家长可以设定一些规则和限制。如果孩子的哭泣持续且严重，就要寻求专业人士的帮助。

74. 孩子总爱啃指甲、咬东西、揪头发怎么办?

啃指甲、咬东西、揪头发等行为，多是因为孩子处在不良的家庭氛围中，自身情绪长期异常、心理紧张而导致的。解决办法如下：

第一，为孩子构建和谐融洽的家庭氛围。孩子的问题行为很大一部分是因为其成长环境的不和谐导致的，所以家长应该维护好良好的家庭氛围，让孩子在一个健全、和谐、幸福的家庭环境中成长，享受到家庭给孩子带来的积极影响，避免在孩子面前争吵、动手，避免在孩子面前抛出一些不恰当的观点，更不要在孩子面前做出一些不利于家庭和谐的行为，等等。

第二，科学教育孩子，不溺爱、不粗暴。溺爱并不是一种关爱，而是一种放纵，是一种“捧杀”；而粗暴则是直接对孩子心灵的压制和摧残。二者都是伤害孩子的行为。家长在这些方面要给予足够的重视，一旦发现孩子存在这方面的行为，就要及时反思并改变自己的教育方式，避免对孩子造成长期影响。

75. 在家庭劳动中家长该如何示范？

培养劳动意识、具备劳动能力，对于孩子将来自立于社会非常重要。在这方面，家长要做好示范：

第一，家长要有正确的劳动态度，帮助孩子树立劳动光荣的观念。爱劳动的意识需要从小培养，要让孩子树立正确的价值观，不要对劳动存有偏见。勤劳的家长会传递给孩子们努力工作的重要价值观，激发他们对劳动的热情和自豪感。

第二，家长要重视示范和讲解的作用。家长要根据孩子的年龄特点和实际能力与孩子一起讨论他想做什么、能做什么，并制订计划，给孩子安排一些合适的劳动任务，让他做一些力所能及的家务活儿。在家庭劳动中，家长应以身作则，主动与其他家庭成员合作，共同完成任务。通过与家人一起劳动，家长不仅可以锻炼孩子的团队合作能力，还能教会他们如何平等地分享和分担家庭责任。

第三，让孩子多体验劳动的乐趣。在家庭劳动中，孩子可能会遇到各种困难和挑战。家长应该保持耐心，鼓励孩子勇敢尝试和主动思考，并逐渐培养其独立解决问题的能力。适当的赞扬和鼓励会激发孩子的积极性，进而提高他们在家庭劳动中的主动参与度。

第四，家长要有安全意识。在家庭劳动中，安全是首要考虑的因素。家长应该向孩子讲解正确的安全常识，例如正确使用工具、避免碰触尖锐物品以及防止滑倒等。同时，家长要时刻关注家庭成员的安全，及时提醒他们避免危险行为。只有在一个安全的环境中进行家庭劳动，才能保证每个家庭成员的身体健康和安全。

76. 孩子不喜欢老师怎么办？

老师在孩子的成长过程中扮演着不可或缺的重要角色，对孩子的发展有着深远的影响。面对不喜欢老师的孩子，家长可以这样做：

第一，接纳孩子的情绪，正向引导。家长首先要接纳孩子的情绪，让孩子充分表达，了解孩子不喜欢老师的原因，理解孩子的感受，这一步很重要。千万不要一上来就批评孩子，这样做只会堵住孩子情绪的出口。家长在安抚好孩子的情绪后，再对孩子进行正向引导，告诉孩子老师也是普通人，不可能特别完美等，引导孩子理解老师。

第二，帮助孩子明白老师和学习的关系。孩子喜欢老师，自然就喜欢学这门学科，一般而言，这门学科的成绩也会更好一些。相反，如果孩子讨厌老师，很可能会连带这门学科一起讨厌，那损失就非常严重了。所以，要帮助孩子合理分析，不要因为讨厌老师而讨厌一门学科，而要用更好的成绩来面对老师。

第三，尽量不帮着孩子说话。家长不要一味顺从孩子，孩子说什么是什么。有的家长在孩子抱怨老师不好的时候，也帮着孩子否定老师的行为，有的家长甚至去学校找老师，指责老师的不是。这样做，孩子也会因为家长的帮忙而加深自己的反感情绪，对于孩子的学习很不利。现实中，如果老师教学上没有存在很大问题，家长就不要强化孩子的负面情绪，每个老师都有自己的教学风格，要教会自己的孩子尽量去适应老师，而不是一味抱怨老师不适应自己的孩子。

第四，帮助孩子挖掘老师的优点。家长要引导孩子看到老师的优点，可以到学校做一些侧面的观察或调查，找一些对老师熟悉的人，尽可能多了解老师的长处、闪光点，然后装作无意识地把老师的这些长处、闪光点告诉孩子。要在孩子面前多夸奖老师，引导孩子看到老师的优点和长处，让孩子尊重老师，对老师有崇拜感。

77. 孩子不敢和老师说话怎么办？

孩子不敢和老师说话，大多是因为孩子和老师不熟悉，不敢接近老师；也有的孩子比较胆小，害怕做错事被老师批评等。家长要根据孩子的情况进行判断，用合适的方式引导孩子做出改变。

第一，家长要了解孩子不敢和老师说话的原因。要搞清楚孩子是与老师存在误会还是因为学习不自信。如果是由于小误会让老师错怪了孩子，可以告诉孩子，自己勇敢地去跟老师沟通，把事情说清楚就可以了。如果是自己错了，要向老师道歉并改正。另外，要鼓励孩子平时多与老师交流。

第二，与老师联系，了解情况，寻求帮助。请老师有意识地提问孩子，或主动与孩子交流沟通，或主动请孩子帮忙以增加交流机会，等等。通过这些互动，打消孩子与老师交流的心理顾虑和恐惧情绪，找回自信。

第三，做好家校配合。学生是课堂主体，家长要告诉孩子，老师对每个孩子都会充分地关注和鼓励，帮助孩子树立自信心。家长也要充分信任老师，主动配合老师做好工作，分担压力，和老师一起助力孩子成长。

78. 孩子存在攻击性行为怎么办？

孩子存在攻击性，家长要先稳定好心态，不要急着责怪孩子，可以试试下面的方法：

第一，了解原因。通过观察和与孩子沟通，了解他们攻击行为背后的原因，比如可能是因为愤怒、挫折、模仿他人等。

第二，树立榜样。家长要以身作则，避免出现攻击性的语言和行为。

第三，积极引导。帮助孩子识别和表达自己的情绪，教他们如何以健康的方式处理负面情绪。鼓励孩子用积极的方式解决问题，例如沟通、分享、合作等。同时设定规则，明确告诉孩子哪些行为是不被允许的，以及违反规则的后果。

第四，适时奖励。当孩子表现出良好的行为时，及时给予奖励和肯定。

第五，寻求专业帮助。如果感觉孩子的攻击性比较严重，应及时寻求专业心理咨询或行为治疗。

79. 孩子存在多动行为、注意力不集中怎么办?

孩子多动、注意力不集中可能由多种原因引起，家长不要随意给孩子贴标签。以下是几点建议：

第一，养成规律的生活方式。家长要合理安排孩子的休息时间，使孩子的生活有规律。在生活上注意培养他们的自理能力，尽量分配给他们一些易完成的工作，让他们有一种可以独立完成一项任务的满足感和成就感。

第二，对孩子的多动行为进行反复纠正。家长要及时对孩子的安静行为给予鼓励，如孩子表现出安静听讲，小动作少，专心游戏，与同伴合作完成某件事时，应及时给予口头表扬或奖励；当孩子乱跑、乱喊、恶作剧时则给予批评或取消某种权利。

第三，及时表扬。当孩子表现出家长期望的行为时，应及时表扬其行为。表扬不只是语言上的表达，也包括非语言的表达，如竖大拇指、微笑、击掌等，这种方法具有“润物细无声”的效果，能够减轻孩子的心理阻碍和对抗情绪，促使孩子进步，恢复其自尊心和荣誉感，同时帮孩子形成是非观念，增强抗诱惑能力。

第四，耐心引导。孩子对一切事物都感到新奇，他们是在有意无意地探索世界的奥秘，家长要根据孩子的年龄了解孩子注意力保持的时间，不要由于自己的无知给孩子贴上“多动”的标签。每一次探索行为会给孩子带来一定的体验，好的体验使孩子充分享受欢乐，从而趋向这种行为；反之，孩子会避开引起不快的体验。好的行为习惯，是在不断反复中得到巩固的；不好的行为，只有在不断地出现后被反反复复矫正才能修正。所以，家长要耐心引导，对自己的教育充满信心。

如果通过以上方法还是不能解决孩子的问题，就需要寻求专业人士的帮助。

80. 孩子在班级中不合群怎么办？

每个孩子都愿意和小朋友一起玩，一起分享喜怒哀乐。当孩子出现了在班级中不合群的现象时，家长要从以下几点帮助孩子：

第一，家长要有耐心，用心和孩子沟通，与孩子一起分析交不到朋友的原因。家长在与孩子沟通的时候，要先认同孩子的想法和感受，从孩子的角度去理解他，用爱来承载他的负面情绪，鼓励孩子主动说出自己心中的顾虑，然后与孩子一起找方法，让孩子自己选择并去尝试。

第二，多与周边人沟通，尽量消除孩子不合群的因素。孩子不合群，除了性格、生活习惯等方面的因素外，也有一些外力因素，比如来自朋友的嘲笑、老师的忽略等。这时家长要与老师、孩子的小伙伴多交流，了解原因，帮助孩子。

第三，创设促进孩子社会交往的环境。家长可以通过安排一些特别的环境来促进孩子社交能力的发展，切忌突然把孩子放入一个陌生的环境中，逼迫孩子合群。在家庭中，家长也要有意识地创设增加孩子社交行为的机会，如多带孩子去人多的商场、游乐场、社区逛逛；带孩子多见见亲朋好友；带孩子多参加一些社交活动等。通过孩子在生活中的点滴表现，找机会表扬、赞赏、鼓励孩子，培养孩子的自信心、语言表达能力、社交能力以及合作意识等，让孩子为融入集体生活做好充足的准备。

第四，给足孩子安全感。家长给足孩子安全感，孩子才有勇气向外探索。安全感十足的孩子，即使被拒绝100次，也相信自己值得被爱，也能感受到别人的爱。而孩子的安全感，99%来自父母。用心育儿的爸爸+情绪稳定的妈妈+良好的夫妻关系=内心富足的孩子。对任何人来说，背后有个可以随时支持自己的坚实力量，不管面前是怎样的艰难险阻，都会有永不言败的勇气。

第五章　做好孩子的榜样

81. 为什么说家长的言行对孩子成长很重要？

言传身教是指一面口头上传授，一面在行动上以身作则。在家庭教育中，家长的言传身教对孩子的成长起着重要作用，主要原因是：

第一，孩子的主要学习方式是模仿，家长是孩子的第一任模仿对象。特别是在孩子幼年时期，家长的言行举止成为孩子模仿的内容，会直接影响孩子的思维方式、价值观、性格特质等。

第二，良好的言传身教有助于建立和谐的亲子关系。家长的言传身教不仅影响孩子的当下行为，还会影响孩子的人生观和处世之道。孩子学习和效仿的不仅仅是家长的某些具体行为，更是彼此之间的互动方式，处理问题的思维模式，以及所体现出的价值观念，这些影响是长期的和深层次的。所以，良好的言传身教是建立信任的亲子关系和引导孩子成才的基石。

82. 家长如何提升自我修养？

家长要在以下五个方面加强自我修养，提高自身境界：

第一，要加强学习。家长要提高自我修养，必须树立学习意识。就如何提高自身的家庭教育能力来讲，新时代的家长首先应该加强中华优秀传统文化、教育学、心理学、哲学等方面的学习，通过学习建立正确的价值观、人生观和世界观，明白是非判断的标准，锻炼和提升教育和指导孩子的能力。

第二，善于自我反省。家长应该经常反省自己的言行举止中是否有不合适之处，并及时修正。

第三，树立正确的教育理念。家长应该树立正确的家庭教育理念，关注孩子的全面发展，注重培养孩子的自主性、创造性和独立思考能力。

第四，学会管理情绪。家长应该学会管理自己的情绪，不要因为孩子犯一点小错误就惩罚孩子，或因自己的不如意而过度发脾气甚至迁怒孩子。

第五，懂得沟通技巧。家长应该掌握有效的沟通技巧，与孩子建立良好的沟通关系。家长要耐心倾听孩子的想法和感受，不要随意打断或批评、指责，充分尊重孩子的意见，并给予积极的回应和引导。

83. 家长如何做爱国的榜样？

爱国是人们对故土家园、民族和文化的归属感、认同感、尊严感与荣誉感的统一，是民族精神的核心。在家庭中，家长要成为孩子爱国的榜样：

第一，以身作则。家长自身要具有爱国主义情怀和实际的爱国行动，才能更好地对子女进行爱国主义教育，要用实际行动告诉孩子什么是尊重国家、热爱国家。

第二，从身边事做起。比如干好本职工作，全心全意为人民服务，就是为国家做贡献；外出旅游时不毁坏文物、不乱扔垃圾、文明礼貌、谦逊友好等，都是爱国情怀的一种表现。告诉孩子，真正的爱国就是做力所能及的事，并做好自己的本分。

第三，领略大好河山，多参与社会活动。比如在假期带孩子外出旅游，通过领略祖国大好河山对孩子进行爱国主义教育。另外家长要多鼓励孩子参与学校、社会组织的志愿服务和义务劳动，让孩子在团队合作中学会明辨是非、知晓荣辱。

第四，关心国家大事。平时要加强政策学习，关心国家的政治、军事、外交以及重大建设成果等，弘扬社会主旋律，与国家和民族同呼吸、共命运。通过以上活动，在点滴之间向孩子传递爱国的观念。

84. 家长如何做孝老敬亲的榜样？

孝老敬亲是中国传统礼仪的重要组成部分。家庭是社会的核心，孝道是做人的基础。在这方面，家长要重点做好以下几点：

第一，以身作则，榜样示范。家长在与老人（自己父母、公婆、岳父母和其他老人）相处中，态度应谦逊、彬彬有礼，行动上要处处关心照顾老人，做到体贴入微。家长的言行，孩子会看在眼里、记在心上，表现在自己的行动中。

第二，增加交往，增进感情。家长要带着孩子经常去长辈家，给予老人耐心和温暖的陪伴。跟父母多聊天，让孩子深入了解老人的经历，培养孩子对老人的尊重，这必将成为孩子生命中的一笔宝贵财富。

第三，参与照顾，懂得感恩。家长可以让孩子积极参与照顾老人，让孩子体验孝敬的真实过程，从而向孩子传递孝敬老人的传统美德。

85. 孩子在家学习时，家长应该怎么做？

家长帮助孩子在家中保持良好的学习习惯，可以通过以下方法：

第一，保持整洁的学习空间。确保孩子的房间整洁有序，书桌上只放置必要的学习用品。

第二，保持安静，共同学习。在孩子学习时，家庭环境应保持安静，尽量避免看电视或打游戏，以免干扰孩子。家长可以陪伴孩子一起阅读或学习，这不仅能提升孩子的学习兴趣，也有助于形成良好的学习习惯。

第三，提供正面反馈。当孩子表现良好时，家长应及时给予表扬和鼓励，以增强他们的学习动力。

86. 孩子做作业拖拉磨蹭，家长怎么办？

如果孩子出现了做作业拖拉磨蹭的现象，我们要通过观察、分析、找到问题的根源。家长要特别注意以下四种情况：

第一，家长的要求太高，过分控制孩子，会让孩子

感觉被逼无奈，从而产生消极对抗情绪。正确的做法是：家长平等地与孩子沟通，指导孩子设定学习目标并做好切实可行的学习计划。家长用启发式提问代替命令式沟通，例如，在八点前完成作业，你有一些什么样的计划？你今天完成作业速度特别快，接下来的时间打算怎么安排？

第二，孩子被家长包办太多，养成了懒惰的习惯。有些家长因孩子小时候生活自理能力比较差，而自己是急脾气，看不得孩子做得慢，于是就包办了孩子的事情。孩子越不做，生活能力就越差，学习能力当然会相应地降下来。如果你家有类似情况，请停止对孩子的包办，放手让孩子去做，对孩子多一点耐心，多一些鼓励，多一份信任，把责任还给孩子。

第三，家长经常唠叨和催促孩子写作业。随着孩子年龄的增长，独立意识越来越强。当你催促或命令孩子写作业时，他已经在本能地反抗了。当一个人本能抗拒一件事，那么这件事取得良好结果的概率也就微乎其微了。解决问题的办法是：家长先停下催促、放下担忧，给予孩子恰当的共情，心平气和地与孩子沟通写作业的具体问题。

第四，爱玩的天性导致低年龄孩子注意力不集中。根据孩子的性格特点，家长可以帮助孩子寻找适合的同伴共学。抓住孩子自尊心和好胜心强、不甘落后、喜欢被表扬的特点，让孩子和同伴互相激励和监督，家长关注并适时引导，帮助孩子提高学习效率。

87. 家长如何对孩子进行科学启蒙?

科学启蒙教育的核心是培养孩子的品格，包括好奇心、探索热情、勇于尝试精神以及独立思考能力。对孩子进行科学启蒙，让孩子体会到学习是有趣的事情，家长可以这样做：

第一，创造读书环境，带领孩子阅读。孩子可以通过阅读科学类书籍，获取他们感兴趣的知识，培养探索的热情与勇于尝试的精神。

第二，给孩子创造主动探索的机会。孩子平时喜欢拆这拆那，剪这剪那，父母不要立即制止，而要加以引导，鼓励孩子多动手，事先向孩子说明什么能拆、什么能剪。对于小一点的孩子，家长可以让孩子动手进行小制作、拆装玩具等；对于大一点的孩子，可以给他买科学实验的教具，让孩子在学中玩，在玩中学。这些对于培养孩子学习兴趣都大有裨益。

第三，引导孩子主动思考。家长可以多带孩子到大自然中去，让他们在观察中激发学习的兴趣。大多数孩子对大自然中的新鲜事物天然充满好奇心，会提出许多问题，这时家长不要嫌麻烦，一定要鼓励孩子提问题，并陪伴孩子一起探索答案，这是培养孩子自主学习、思考的绝佳途径。

88. 家长如何做应对挫折的榜样?

每个人在生活中都会遇到挫折，身教胜于言传，父母可以从以下三点做孩子应对挫折的榜样：

第一，正视挫折，积极引导。在生活中，家长可以给孩子讲自己的经历，教育孩子明白挫折是不可避免的，遇到挫折并不代表我们就失败了，也不意味着我们没有能力攻克难关。正确的做法是，接受挫折并从失败中学习经验。

第二，寻求支持，共同面对。告诉孩子遇到挫折时，要积极寻求家人或朋友的支持与帮助，相信他们可以帮助自己更好地理解并应对挫折。通过与亲密的人交流，让孩子从他人的经验和建议中受益，为未来更好的发展积累智慧和力量。

第三，自我激励，坚持梦想。在面对挫折时，要引导孩子保持自我激励，牢记自己的目标，并不断鼓励自己坚持下去。让孩子明白挫折是通往成功路上必要的考验，只要坚定自己的目标，坚持梦想并持续努力，就会越来越好。

89. 如何做积极乐观的家长？

积极乐观的家长不仅能为孩子树立榜样，还能培养孩子健康的心态和积极的生活态度，为孩子创造一个良好的成长环境。

第一，心态平和，给孩子树立良好的榜样。平和的心态源于对生活的乐观态度，不论是遇到困难还是挫折，家长都应该坚信自己拥有解决问题的能力，做孩子强有力的榜样。

第二，充分交流，与孩子保持积极的沟通。当孩子面对难题和困惑时，家长要耐心倾听，鼓励他们表达自己的想法，并给予积极的回应。这样，我们能够更好地理解孩子的心理需求，为孩子提供恰当的支持。

第三，心怀感恩，培养孩子积极的心态。要从积极的角度看待问题，心态不同，行为不同，结果自然不同。每晚回忆一天的经历，从中找出三件让你感觉有意义的事，记录下来并表示感恩。同时，把这些分享给家人。家长的积极心态会影响到孩子，长期坚持就会培养出孩子积极乐观的心态了。

第四，自律向上，养成积极的生活方式。早睡早起，作息规律，发展兴趣爱好，踊跃参与体育运动和团队合作，参加公益活动等，这些都是积极的生活方式，会给我们带来健康快乐和幸福生活。家长坚持这样做，孩子一定会受到积极影响。

90. 家长如何做孩子体育锻炼的榜样？

家长要成为孩子体育锻炼的榜样，可以从以下几个方面着手：

第一，积极参与体育锻炼，展示出对运动的热爱和坚持。这不仅可以让孩子看到运动的重要性，还能激发他们对运动的兴趣。家长可以选择与孩子一起参与适合家庭的运动，如户外徒步、骑自行车、游泳等，让孩子在运动中感受到快乐，同时也增进亲子关系。

第二，制订合理的运动计划，并坚持下去。这可以让孩子看到运动的规律性和长期性，从而培养他们的运动习惯。家长与孩子一起制定运动目标，如每周完成一定的运动量，或者每天保障一定的运动时间，互相监督，共同实现目标。

第三，关注孩子的运动需求和兴趣，鼓励他们尝试不同的运动项目。每个孩子都有自己的喜好和特长，家长要尊重孩子的选择，同时引导他们发现新的运动兴趣。这样可以让孩子在运动中找到自己的优势，从而更加自信地面对挑战。

第四，传递正确的运动观念和价值观。要让孩子明白运动不仅是为了锻炼身体，更是为了培养坚强毅力、团队合作和竞争意识等品质。家长可以在运动过程中与孩子分享自己的运动经历和感悟，让孩子从中汲取力量和经验。

91. 家长如何树立服务社会的榜样？

作为家长，除关注孩子的学业和生活外，还应该积极参与到社会工作中去，为孩子树立服务社会的榜样。

第一，增强社会责任感和对社会事务的参与意识。家长要主动参与志愿服务活动，积极投入社会事务。尊重自己的社会角色，认识到我们对社会的影响力。家长在这方面的态度、行为和言谈都会深深影响孩子。

第二，尊重他人，关心弱势群体。家长要引导孩子培养同理心和关爱之心，通过参加公益活动等，引导孩子关注他人，帮助弱者，并让孩子体验到善行的回报和内心的充盈。

第三，对孩子服务社会的积极行为给予肯定和奖励。

表扬孩子的助人行为，给予鼓励和支持，可以激发孩子继续参与社会服务的热情。

92. 家长如何做合作共赢的榜样?

合作共赢，指的是通过各方通力合作，发挥各自的专长，共同努力完成任务，实现互利双赢的结果。在教育孩子的过程中，家长做好合作共赢的榜样，可参考以下几点：

第一，与孩子的合作共赢。首先要尊重孩子，把孩子当作平等的个体对待。在家庭教育中不要只强调家长的权威，而应该尊重孩子的想法，与孩子平等交流，倾听孩子的心声，合理容纳孩子的观点。其次要重视沟通，在发生分歧时，做好孩子的倾听者，换位思考去理解孩子的想法，而不是简单命令孩子服从。通过充分沟通，也让孩子理解家长的用意。同时，多鼓励孩子的进步和优秀表现，使孩子切身感受到被重视。遇到问题不急于批评，而是耐心引导孩子反思并改正。

第二，与配偶的合作共赢。在家庭关系中，夫妻双方应该建立平等的伴侣关系，有同等的地位，相互尊重对方的需求和意愿。平等分担家务，照顾好孩子，支持对方的事业发展，共同促进家庭和谐。另外，要增进沟通和理解，化解矛盾。主动沟通了解配偶的想法，设身处地为对方着想，避免误会，减少分歧，为孩子做好合作共赢的榜样。同时，合力营造幸福的家庭氛围，孩子在家庭中获取的幸福感能够帮助他增加自信心、形成正确的价值观。

第三，与老师的合作共赢。家长要尊重老师的专业性，与老师保持良好沟通，形成教育合力，促进孩子全面发展。另外，家长要积极参加家长会、学校开放日等活动，了解学校动态，在能力范围内支持学校和老师的工作，为孩子做好合作共赢的榜样。家长对老师的信任直接影响到孩子对老师的态度，所谓"亲其师，信其道"就是这个道理。

93. 家长如何做孩子明辨是非的榜样？

明辨是非，是指一个人具备基本的道德判断力，能够正确分辨某种行为是否符合道德准则，能够判断它们的善恶美丑。明辨是非对孩子的未来发展十分重要，家长可以参照以下做法：

第一，树立和保持自身良好的道德品格。作为孩子的第一任老师，家长首先要做到明辨是非，具备道德判断力。孩子更多是通过模仿来学习的，家长必须自觉遵守道德规范，诚实守信，自律自重，言行一致，只有这样才能成为孩子明辨是非的榜样。

第二，和孩子共读高尚道德故事。对于学龄前儿童和小学生，可以选择寓言故事、青少年启示故事和孩子一起阅读，引导孩子从生动的故事情节中接受道德观念的熏陶，从而培养良好的亲子关系，营造和谐的家庭氛围。对于中学以上的孩子，可以鼓励其阅读历史书籍、人物传记等，让孩子通过阅读深入思考。"悟"比说教的收获更有价值。

第三，重视日常生活中的细节。家长要注重生活细节，比如遵守规则、信守承诺、勇于承担、尊重师长、犯错主动承认并积极改正等。家长自身具备这些好的习惯，会对孩子起到潜移默化、润物无声的作用。与此同时，家长要有意识地把这些生活中的小事作为孩子学习实践的机会。

94. 家长如何做孩子遵守法规的榜样？

家长要成为孩子遵守法规的榜样，可以从以下几个方面着手：

第一，家长自身严格遵守法规和家庭公约。家长的行为是孩子最直接的模仿对象，所以家长要以身作则，展示出对法规和公约的尊重和遵守。无论是在公共场所还是在家里，家长都要遵守相关规定，比如遵守交通规则、不随意破坏公物、遵守家庭作息时间等，让孩子看到遵守规则的重要性。

第二，家长与孩子一起制定家庭公约，共同遵守。家庭公约是家庭成员共同遵守的规则，有助于维护家庭秩序的和谐。家长可以与孩子一起商定家庭公约的内容，包括生活习惯、学习要求、家务分工等方面。一旦公约制定完成，家长要带头遵守，同时也要监督孩子的执行情况，奖惩分明。

第三，家长引导孩子理解法规和公约的意义。孩子往往对规则和公约的理解不够深入，家长可以结合生动的例子和故事，给孩子解释遵守规则和公约的重要性。比如，可以告诉孩子遵守交通规则是为了保障自己和他人的安全，是对生命的尊重；遵守家庭公约是为了维护家庭的和谐与幸福，家庭关系更亲密。这样，孩子就能更好地理解并接受这些规则。

第四，家长要关注孩子的行为表现，及时给予反馈和指导。当孩子遵守法规和家庭公约时，家长要及时给予肯定和表扬，增强他们的自信心和积极性；当孩子违反规则时，家长要耐心地进行引导和教育，帮助他们认识到错误并予以改正。

95. 家长如何做见义智为的榜样？

见义智为，就是指在他人陷入危急情况时，经过一定的权衡，采取一定的措施，在保障自己人身安全的情况下帮助他人。见义智为是见义勇为的更高层次，它不仅需要我们有道德观念和勇气，还需要我们有理性思考和明智判断的能力。成为见义智为的家长，要做到：

第一，展现理性决策。家长在遇到需要帮助他人的情况时，要通过理性思考当前的客观条件，确定自己是否有能力提供帮助。如果存在困难，可以选择其他更安全、有效的方式。这种理性思考的过程，可以让孩子学会在参与集体行动时，要考虑动机是否正义，手段是否适当，后果是否可控，而不是盲目冒进。

第二，与孩子积极探讨社会上见义智为的案例。网络时代的我们，总能第一时间了解到社会典型事件。家长可以和孩子一起关注并讨论见义智为的案例。有时候家长的见解和分析不一定全面、深刻，可以借助权威媒体对案例的分析，让自己先一步成长起来，然后再和孩子一起讨论，让孩子明白见义智为的本质是自觉维护公平正义，而不是寻求刺激和冒险。家长要引导孩子理解见义智为的真谛，在遇到需要时知道如何作出理性选择。

96. 家长如何做遵守公共秩序的榜样？

公共秩序，指的是在街道、公园、公共交通工具等公共场所和公众可以共同使用的地方的秩序，它体现了一个社会的文明程度。

维护公共秩序需要所有公民共同努力。作为家长，我们需要给孩子做好榜样，通过自身遵规守纪的行为给孩子示范。如公共场所不大声喧哗，穿着得体，举止文明；等候服务依次排队，乘坐电梯先出后进，上下楼梯靠右行走；不躺卧踩踏公共座椅，不浪费公共洗手液、手纸；开展娱乐健身宣传等活动时，合理选择时间和场地，控制音量，不影响他人正常工作、学习和生活；观看演出或比赛等群众性活动，服从现场管理，遵守现场秩序；遇到突发事件时服从现场指挥，不围观、不聚集。

公共场所属于大家。家长遵守公德，体谅他人，才能对孩子起到良好的示范作用。

97. 家长如何做孩子人际交往的榜样？

家长要成为孩子人际交往的榜样，可以从四个方面着手：

第一，展示积极的人际交往态度。在日常生活中，家长要展示出友善、尊重、理解和包容的交往态度，与他人保持良好的沟通和合作。这样，孩子就能从家长身上学到如何与他人建立积极、和谐的关系。

第二，引导孩子学会倾听和表达。倾听是建立良好人际关系的基础，家长要教会孩子耐心倾听他人的意见和想法，理解并尊重他人的观点。同时，家长也要鼓励孩子勇敢表达自己的看法和感受，教会他们使用恰当的语言和方式与人交流。

第三，培养孩子的人际交往能力。家长要教会孩子如何与他人合作、分享、解决冲突等。家长可以通过家庭活动、社区活动等方式，让孩子有机会与他人互动，锻炼他们的交往能力。同时，家长也要关注孩子在人际交往中遇到的困难，及时给予指导和帮助。

第四，传递正确的价值观和道德观。在人际交往中，诚信、尊重、友善等品质是非常重要的。家长要引导孩子树立正确的价值观和道德观，让他们明白在人际交往中应该遵守的基本规范和原则。

98. 家长如何做孩子情绪管理的榜样?

家长良好的情绪管理能力，不仅是孩子安全感的来源，同时也是开展有效亲子沟通的保证。在情绪管理方面，家长需要做好以下两点：

第一，觉察情绪变化，表达情绪感受。在教育孩子的过程中，当家长察觉到自身情绪出现问题时，及时在心里提醒自己，及时调整自身情绪。当觉察到自己的情绪发生变化后，家长可以真诚、平等地跟孩子交流，要把情绪客观、平静地表达出来，清晰、适当的表达更有利于释放情绪。

第二，规避不良情绪，修复不良情绪的伤害。为了保证亲子沟通的有效性，在与孩子相处时父母尽量不要带着不良情绪。家长一旦在亲子沟通中发泄了不良情绪，记得一定要做好修复工作，重建跟孩子的情感连接。比如，及时向孩子道歉，并做出承诺，若出现不良情绪时，孩子可以及时提醒，避免不良情绪给孩子带来伤害。做家长的只有自己情绪稳定，用平和的情绪感染孩子，给孩子传递积极向上的正能量，才能培养出情绪稳定的孩子。

99. 家长如何做孩子勤俭持家的榜样？

唐·李商隐《咏史》诗云："历览前贤国与家，成由勤俭破由奢。"勤俭对国与家都有重要意义。作为家长，要在平时的家庭教育中对孩子进行引导，做孩子勤俭持家的榜样。

第一，在生活中培养勤俭意识。在衣、食、住、行的生活细节中，家长要引导孩子节约每一粒米、每一度电、每一滴水、每一张纸等，培养孩子勤俭节约的意识。家长可以和孩子一起做个家庭开销计划，根据收入和需要，合理安排一个星期或一个月的开销。

第二，正确对待孩子的需要。有些家长可能会抱怨自家孩子铺张浪费，不知节俭，不体谅父母挣钱的辛苦。殊不知，这有可能是家长对孩子的宠爱造成的。如果平时家长不想让孩子受委屈，对孩子想要的、想买的、喜欢的无条件地满足，那么孩子又如何懂得节俭呢？在孩子的成长过程中，家长应该深入了解孩子的需求。在物质方面，凡恰当的、合理的需要，可根据家庭经济条件予以适当的满足；对于孩子提出的过分需求，家长要视具体情况进行合理的控制和引导。

第三，树立正确的消费观。物质层面的消费要遵循“量力而行、量入为出、勤俭节约、适度消费”的原则，理性消费，不攀比，不盲目追求品牌。要注意增加精神层面的“消费”比重，注重精神层面的“消费”，高度关注家庭精神生活，积极打造学习型家庭，比如一家人共读一本书、共商一个计划、共观一部电影等。

100. 家长如何做孩子终身学习的榜样？

家长要成为孩子终身学习的榜样，需要从多个方面努力：

第一，家长自身要保持持续学习的习惯。学习是一个永无止境的过程，家长应该不断更新自己的知识和技能，积极追求个人成长。这种学习态度和行动会传递给孩子一个重要的信息：学习是终生的事业，是每个人不断进步和成长的关键。

第二，家长要树立正确的价值观和学习观。孩子在学习过程中，除了获取知识外，更重要的是形成正确的价值观和学习态度。家长应该引导孩子理解学习的意义，帮助他们建立积极的学习心态，培养他们的学习兴趣和动力。

第三，家长要与孩子共同成长，互相学习。家长不必在孩子面前扮演无所不知的角色，相反，应该鼓励孩子提出问题，然后一起探讨答案。这样的互动不仅可以增进亲子关系，还能让孩子体会到学习是一种合作和分享的过程。

第四，家长要关注孩子的全面发展。学习不仅仅是书本知识，还包括品德修养、艺术审美、体育锻炼等多个方面。家长应该鼓励孩子广泛涉猎不同领域的知识和技能，培养他们的综合素质。

第五，家长要成为孩子学习过程中的支持者和引导者。当孩子学习遇到困难时，家长要提供及时的帮助和支持；当孩子取得进步时，家长要给予充分的鼓励和肯定。同时，家长要指导孩子制订合理的学习计划，帮助他们养成良好的学习习惯，提高自我管理的能力。